Action EVA

साथ चलेंगे

A step-by-step journey of growth

Action EVA

साथ चलेंगे

A step-by-step journey of growth

by Action EVA Parivaar

Available on amazonkindle

Worldwide Published by

Pendown Press

PREMIUM BUSINESS PUBLISHER

PENDOWN PRESS LLP

An ISO 9001 & ISO 14001 Certified Co.,

Regd. Office: 3767A, Kanhaiya Nagar,

Tri Nagar, Delhi-110035

Ph.: 8130886000, 9650072927

E-mail: info@pendownpress.com

Branch Office: 1A/2A, 20, Hari Sadan, Ansari Road,

Daryaganj, New Delhi-110002

Ph.: 011-45794768

Website: PendownPress.com

Edition: 2025

Price: ₹ 599

ISBN: 978-93-7217-470-0

Layout and Cover Designed by Pendown Graphics Team

Printed and Bound in India by Thomson Press India Ltd.

idea for success

हर कदम की शुरुआत एक सोच से होती है।

श्री एन. के. अग्रवाल
(संस्थापक, एक्शन ग्रुप)

1970 में एक छोटे से सपने के साथ हमने एक्शन की शुरुआत की – सपना था कुछ नया करने का, कुछ ऐसा जो देश के हर इंसान के पैरों को सहारा दे सके, आराम दे सके, और गर्व का हिस्सा बन सके।

हमने चप्पल और जूतों से शुरुआत की, लेकिन हमारा नज़रिया सिर्फ एक उत्पाद बनाने तक सीमित नहीं था – हम एक बेहतर अनुभव देना चाहते थे। तभी तो हमने लगातार वही नहीं किया जो दुनिया कर रही थी; हमने वो किया जिसकी ज़रूरत थी: हल्के जूते, दो रंगों वाले सोल और आरामदायक डिज़ाइन।

हमने प्लास्टिक से लेकर PVC तक, और फिर EVA जैसी विश्वस्तरीय तकनीकों को भारत में लाकर एक नई क्रांति की शुरुआत की। उस दौर में जब भारत में कोई सोच भी नहीं सकता था कि फुटवियर इतना हल्का और स्टाइलिश हो सकता है – हमने वह कर दिखाया। हमारा मानना है, इंसानों की तरह ब्रांड्स भी सीखते हैं, बढ़ते हैं और फिर उड़ान भरते हैं। एक्शन EVA की उड़ान की शुरुआत यहीं से हुई।

अजय जी ने इस यात्रा में नई सोच, नई ऊर्जा और एक नया दृष्टिकोण जोड़ा। फिर शालू जी ने इस सोच को एक मानवीय पहलू दिया – जहाँ उत्पाद सिर्फ

उत्पाद नहीं रहे, वे एक भावना बन गए। कार्यस्थल सिर्फ एक फैक्ट्री नहीं, बल्कि एक परिवार बन गया।

आज, एक्शन EVA हर उस ग्राहक का चुनाव है जो आराम, स्टाइल और भरोसे की तलाश में है। यही हमारा वादा है – हर कदम पर, हम आपके साथ हैं।

हमारा लक्ष्य सिर्फ बाज़ार में बने रहना नहीं है – **हमारा लक्ष्य है हर कदम को बेहतर बनाना।**

CHAPTER-1

Action EVA - एक सपना, एक दिशा, एक उड़ान

एक ऐसी ब्रांड, जो चलना सिखाता है – सपनों की ओर

एक सोच जिसने रफ्तार पाई

हर बड़ा सफर एक छोटे से विचार से शुरू होता है। 1970 के दशक में जब भारत के बाज़ार में आरामदायक और भरोसेमंद फुटवियर की कमी थी, तब श्री एन. के. अग्रवाल जी ने एक विचार को दिशा दी। यह सिर्फ जूता बनाने का सपना नहीं था—यह लोगों की ज़रूरत और आत्मसम्मान को पहचानने की एक कोशिश थी।

Action Shoes की शुरुआत एक छोटे से प्रोडक्शन से हुई, लेकिन आगे चलकर यह ब्रांड लोगों के दिलों तक पहुँच गया। दो रंगों वाले सोल, बच्चों के लिए light वाले जूते और PVC जैसी नई तकनीकों को अपनाते हुए Action ने दिखा दिया कि नवाचार किसी भी ब्रांड को नई ऊँचाई तक पहुँचा सकता है।

1998 में अमेरिका से MBA करके लौटे अजय जी ने Action को एक नई नज़र से देखा। उन्होंने समझा कि बाजार अब केवल टिकाऊपन नहीं, स्टाइल, कंफर्ट और हल्केपन की माँग कर रहा है। इसी सोच ने उन्हें दुनिया भर में रिसर्च के लिए प्रेरित किया।

“नई सोच, नया दौर – अजय अग्रवाल जी की सोच

स्पेन में उन्हें मिला EVA टेक्नोलॉजी का समाधान—एक ऐसा कंपाउंड जिससे बने फुटवियर बेहद हल्के, आरामदायक और मज़बूत होते हैं।

शुरुआत आसान नहीं थी। मशीनें बार-बार अटकती थीं, साइज़ मिक्स होते थे, और कई बार लगा कि यह प्रयोग असफल हो जाएगा। लेकिन अजय जी ने हार नहीं मानी। दिन-रात की मेहनत के बाद 2003 में Action EVA ने बाज़ार में कदम रखा—और देखते ही देखते ये एक क्रांति बन गई।

कम कीमत, ज़्यादा गुणवत्ता – मास्टरस्ट्रोक जो चल पड़ा

जहां दूसरे ब्रांड प्रीमियम प्राइसिंग पर जा रहे थे, वहीं अजय जी ने बिल्कुल उलटी दिशा में कदम उठाया। उन्होंने EVA फुटवियर को आम आदमी की पहुँच में लाने का फैसला किया। यह कदम न सिर्फ ग्राहकों के लिए लाभकारी था, बल्कि डीलर्स और डिस्ट्रीब्यूटर्स के लिए भी एक सुनहरा अवसर बन गया।

कुछ ही सालों में Action EVA का नेटवर्क भारत के सैकड़ों शहरों तक फैल गया और हज़ारों स्टोर्स पर इसकी मौजूदगी दिखने लगी। यह अब सिर्फ एक प्रोडक्ट नहीं, एक भरोसेमंद नाम बन चुका था।

समय ने करवट ली और एक समय ऐसा भी आया जब अजय जी ने EVA यूनिट को बंद करने का विचार किया। लेकिन उसी मोड़ पर, इस ब्रांड को एक नया जीवन देने आईं शालू जी। एक ब्रांडिंग प्रोफेशनल होने के साथ-साथ वे एक लीडर थीं, जो न सिर्फ चुनौतियों को पहचानती थीं बल्कि उन्हें हल करने का जज़्बा भी रखती थीं।

जब उम्मीदों को नेतृत्व मिला – शालू जी की भूमिका

उन्होंने फैक्ट्री को एक कंपनी में बदलने का काम शुरू किया—जहाँ सिर्फ प्रोडक्शन नहीं, प्रोसेस टीम वर्क और विज़न भी हो। फैक्ट्री में हर विभाग को व्यवस्थित किया गया, ब्रांड की पहचान को नए रंग मिले, और कर्मचारियों को मिला एक ऐसा वातावरण जहाँ वे सिर्फ काम नहीं करते, जुड़ाव महसूस करते हैं।

इंसानों से बनता है ब्रांड

शालू जी ने कर्मचारियों को एक परिवार की तरह देखा। उनकी प्राथमिकता हमेशा रही कि कर्मचारी खुश रहें, सम्मानित महसूस करें। यही वजह थी कि धीरे-धीरे कंपनी सिर्फ जूते बनाने की जगह नहीं रही, बल्कि वह एक ऐसा संस्थान बन गई जहाँ लोग अपने काम पर गर्व महसूस करने लगे। उनकी अगुवाई में बहादुरगढ़ यूनिट को फिर से जिंदा किया गया। वहाँ सिर्फ कच्चा माल बनता था, लेकिन अब वहाँ स्कूल शूज़ और नए-नए डिज़ाइन्स का निर्माण होने लगा। Action Plus के नाम से स्कूल शूज़ की रेंज लॉन्च हुई, जिसे आज लाखों बच्चे पहन रहे हैं।

एक ब्रांड जो हर दिशा में बढ़ रहा है

समय के साथ मार्केट भी बदला। अब ग्राहक सिर्फ दुकानों तक सीमित नहीं थे—they were scrolling, clicking, searching और Action EVA इस डिजिटल युग को भी आत्मसात कर चुका था।

कंपनी ने ऑनलाइन और ऑफलाइन दोनों में संतुलन बनाया। Amazon और Flipkart जैसे प्लेटफॉर्म्स पर प्रोडक्ट्स लॉन्च किए गए, लेकिन यह ध्यान रखा गया कि ऑफलाइन डीलर्स को कोई नुकसान न हो। MRP, डिस्काउंट पॉलिसी, और प्रोडक्ट एक्सक्लूसिविटी को इतने संतुलित तरीके से संभाला गया कि हर चैनल मजबूत बना रहा।

इसके साथ ही, एक रिटेल ऐप लॉन्च किया गया—जिससे अब दुकानदार कुछ क्लिक में ऑर्डर कर सकते हैं। इस सुविधा ने कारोबार को न केवल आसान बनाया, बल्कि आधुनिक तकनीक से जोड़ा भी।

शोरूम नहीं, अनुभव केंद्र

Action EVA ने एक्सक्लूसिव शोरूम्स की एक नई श्रृंखला शुरू की। छोटे स्तर से शुरू हुए ये स्टोर्स आज 250+ शहरों में मौजूद हैं। हर शोरूम में ग्राहकों को मिलता है भरोसा, क्वालिटी और एक खास अनुभव। Action Plus के तहत लेदर शूज़, स्नीकर और बच्चों के फुटवियर जैसे कई प्रोडक्ट्स आज हर ग्राहक की ज़रूरत का हिस्सा बन चुके हैं।

आगे का रास्ता – और भी बेहतर कल के लिए

Action EVA अब 10+ देशों में अपनी पहचान बना चुका है। लेकिन ब्रांड की असली पहचान उसके विज़न में है—हर कदम में सुधार, हर डिज़ाइन में सोच, और हर उत्पाद में लोगों का ख्याल।

आने वाले वर्षों में 100+ नए डिज़ाइन्स लॉन्च करने का प्लान है। नई मशीनें, नई तकनीकें, और एक नया जुनून लेकर Action EVA उस हर व्यक्ति तक पहुँचना चाहता है, जो अच्छे जूतों से कहीं ज्यादा एक बेहतर अनुभव चाहता है।

Action EVA – एक आंदोलन, जो चलता ही जा रहा है

यह सिर्फ एक फुटवियर ब्रांड नहीं, यह उन सपनों की आवाज़ है जो कभी चुप थे। यह उन कदमों की रफ्तार है जिन्हें अब उड़ान चाहिए। और यह उन हौसलों की कहानी है जो हर दिन कहती है –

“हम ब्रांड नहीं बनाते, हम भरोसा गढ़ते हैं।”

सेलिब्रिटी एसोसिएशन – ब्रांड को नई ऊँचाइयों तक ले जाने का हमारा तरीका

Action में हमारा विश्वास है कि हर जूता सिर्फ़ एक प्रोडक्ट नहीं, बल्कि एक कहानी है – और हर कहानी को सही आवाज़ की ज़रूरत होती है। कई सालों से हम भारत के सबसे बड़े और जाने-माने चेहरों को अपने ब्रांड के साथ जोड़ते आए हैं।

हमारे लिए यह केवल किसी सेलिब्रिटी को विज्ञापन में दिखाने की बात नहीं है, बल्कि यह सुनिश्चित करना है कि जो चेहरा हमारे ब्रांड को रिप्रेज़ेंट करे, वो हमारे विज़न और हमारे मूल्यों को भी दर्शाए। चाहे वह स्पोर्ट्स हो, सिनेमा हो या फैशन – हम ऐसे चेहरों का चुनाव करते हैं जो हमारे कस्टमर से जुड़ाव महसूस कराएँ और उन्हें प्रेरित करें।

हर बार जब हम किसी नए ब्रांड एंबेसडर को ऑनबोर्ड करते हैं, तो यह हमारे पार्टनर्स और डिस्ट्रीब्यूटर्स के लिए भी एक अवसर होता है। ये एसोसिएशन्स न सिर्फ़ ब्रांड को नई पहचान देते हैं, बल्कि आपके शो-रूम की शेल्फ़ पर रखे हर प्रोडक्ट को और ज़्यादा आकर्षक बना देते हैं। हमारे साथ जुड़े पार्टनर्स बताते हैं कि सेलिब्रिटी कैंपेन्स शुरू होते ही उनकी बिक्री में तेज़ी आती है और ग्राहकों का विश्वास और भी गहरा हो जाता है।

Action EVA का लक्ष्य हमेशा से यही रहा है – अपने ब्रांड को अगले स्तर तक ले जाना और अपने पार्टनर्स को भी उसी सफ़र का हिस्सा बनाना। जब हम किसी जाने-माने चेहरे को अपने ब्रांड से जोड़ते हैं, तो यह सिर्फ़ हमारी नहीं, आपकी भी जीत होती है।

सचिन तेंदुलकर से लेकर, **कपिल देव, रेणुका शहाने** से लेकर **सलीम मर्चेंट,** समय अनुसार हमने कई नामी सेलिब्रिटीज को अपने साथ जोड़ा है। आज के समय में Action EVA Flotter और Action Plus के ब्रांड एम्बेसडर हैं **अर्जुन कपूर** और **परिणीति चोपड़ा** जो हर किसी को आकर्षित कर रहे हैं।

Action Plus School Shoes
भविष्य की ओर बड़ा कदम

Action Plus ने हमेशा वही किया है जो मार्केट को चाहिए और जो ग्राहकों के दिल को छू ले। इसी सोच के साथ, 2020 में हमने मार्केट में सबसे पहले EVA सोल के साथ स्कूल शूज़ लॉन्च किए। यह इंडस्ट्री में एक क्रांतिकारी कदम था। लेकिन फिर कोविड आ गया और लगभग 2 साल तक स्कूल शूज़ का बिज़नेस ठहर-सा गया।

2024 में हमने एक नई शुरुआत की और अपने स्कूल शूज़ में Anti Germ Technology (AGT) का उपयोग किया। इस नई टेक्नोलॉजी के साथ आने

वाले हमारे हल्के और टिकाऊ गोला शूज़ ने मार्केट में धूम मचा दी। बच्चों और माता-पिता दोनों ने इन्हें हाथों-हाथ लिया और डिस्ट्रीब्यूटर्स से लगातार डिमांड बढ़ती गई।

2025 में हमने एक और बड़ा इनोवेशन किया – भारत के सबसे हल्के स्कूल शूज़ – Action Plus GOLite लॉन्च किए। अब तक जो डर्बी स्कूल शूज़ PVC सोल पर बनते थे और भारी होते थे, उन्हें हमने EVA सोल पर दोबारा डिज़ाइन किया, जिससे वे बेहद हल्के और आरामदायक हो गए। आज GOLite शूज़ को डिस्ट्रीब्यूटर्स और रिटेलर्स से जबरदस्त रिस्पॉन्स मिल रहा है।

Action Plus के स्कूल शूज़ की तरक़्क़ी का अंदाज़ा इस बात से लगाया जा सकता है कि बहुत कम समय में हमने सभी डिस्ट्रीब्यूशन चैनल्स – जैसे मॉडर्न ट्रेड, क्विक कॉमर्स और ऑनलाइन – में भी मज़बूत पकड़ बना ली है।

आज हमें गर्व है कि Action Plus स्कूल शूज़ सेगमेंट में तेज़ी से आगे बढ़ रहा है। हम हर साल अपनी प्रोडक्शन कैपेसिटी दोगुनी कर रहे हैं ताकि बढ़ती हुई डिमांड को पूरा किया जा सके। कई स्कूल, जो पिछले 20 सालों से दूसरे ब्रांड का शू इस्तेमाल कर रहे थे, आज पूरी तरह Action Plus स्कूल शूज़ पर शिफ्ट हो चुके हैं।

हमारे डिस्ट्रीब्यूटर्स बताते हैं कि स्कूल सीज़न के दौरान Action Plus शूज़ उनकी सबसे बड़ी सेल्स लाते हैं। माताओं ने हमारे प्रोडक्ट्स पर गहरा भरोसा दिखाया है क्योंकि उन्हें यक़ीन है कि हम क्वालिटी पर कभी समझौता नहीं करते।

Action Plus का मानना है कि हर बच्चा आराम और आत्मविश्वास के साथ स्कूल जाए। यही हमारा मिशन है। हम लगातार नए इनोवेशन, नए डिज़ाइन और नई टेक्नोलॉजी के साथ इस सफ़र को आगे बढ़ा रहे हैं।

आइए, इस अवसर को और बड़ा करें—ताकि आपके बिज़नेस को भी नई उड़ान मिले और Action Plus स्कूल शूज़ हर बच्चे के पैरों तक पहुँचें।

Anti-Germ Technology
action plus
For Healthy & Happy Feet
SCHOOL SHOES

action plus
GoLite
With NEW ultralight EVA sole
SCHOOL SHOES

action plus
ANTI GERM
EVERY PAIR HAS A STORY
ARE YOU READY TO TELL YOURS?
SOMETHING EXCITING IS WALKING YOUR WAY
GET YOURS NOW!
www.actionfootwear.in

action plus
LIGHT ON FEET. BIG ON COMFORT.
India's Lightest School Shoes

action plus
ANTI GERM
Parents trust it
Kids love it
Actionplus School Shoes
Comfy. Clean. Cool.
Anti-Germ
Extra Cushioning
GET YOURS NOW!
www.actionfootwear.in

action plus
KEEP GERMS AT BAY
STEP INTO
COMFORT

action plus
Monsoon = Mud, Moisture & Germs?
NOT WITH ACTION PLUS ANTI-GERM SHOES!
STAY FRESH, ODOUR-FREE & PROTECTED—RAIN OR SHINE!
www.actionfootwear.in

action plus
GoLite
ACTION
PLUS
GOLI
LIGHT. STRONG.
SCHOOL-READY

CHAPTER-2

Action EVA की कहानी, डीलर व डिस्ट्रीब्यूटर की ज़ुबानी

हर मजबूत ब्रांड के पीछे कुछ खास लोग होते हैं—वो जो सिर्फ कारोबार नहीं, रिश्ते भी निभाते हैं। एक्शन ईवा के डीलर्स और डिस्ट्रीब्यूटर्स हमारे ऐसे ही साथी हैं, जिन्होंने हर चुनौती को अवसर में बदला और हमारे साथ कदम से कदम मिलाकर आगे बढ़े। इस अध्याय में, हम उन कहानियों को सहेज रहे हैं, जो सिर्फ व्यापार की नहीं, जुनून, भरोसे और सफलता की कहानियाँ हैं। यह उनके अनुभवों का संग्रह है—कभी संघर्ष, कभी जीत, और हमेशा एक अटूट साझेदारी का अहसास। क्योंकि एक्शन ईवा सिर्फ एक ब्रांड नहीं, एक परिवार है।

एक्शन ईवाः मेरा परिवार, मेरा भरोसा

साल 2002, मैं कॉलेज की पढ़ाई पूरी कर चुका था और ज़िंदगी में कुछ बड़ा करने का सपना देख रहा था। लेकिन रास्ता धुंधला था, मंज़िल साफ़ नहीं थी। कई लोगों से मिला, कई दरवाज़े खटखटाए, लेकिन कहीं सुकून नहीं मिला। फिर एक दिन, मेरी मुलाकात मुकेश गुप्ता जी से हुई,
जिन्होंने मुझे एक्शन ईवा के बारे में बताया। उनकी बातों में आत्मविश्वास था और दिल में अपनापन। कुछ ही

मनिन्दर सिंह, एक्शन एक्सक्लूसिव शोरूम, देवली रोड, खानपुर, दक्षिण दिल्ली

दिनों में उन्होंने मुझे एक्शन ग्रुप के एमडी अजय अग्रवाल जी से मिलवाया। मैंने कभी नहीं सोचा था कि कोई इतने बड़े पद पर होते हुए भी किसी नए आदमी को छोटे भाई की तरह अपना सकता है। लेकिन अजय जी ने मुझे सलाह ही नहीं दी, बल्कि कदम-कदम पर मेरा हौसला भी बढ़ाया। उनका भरोसा और मार्गदर्शन मेरी सबसे बड़ी पूंजी बन गया।

उन दिनों कंपनी के पास डिज़ाइन सीमित थे और मेरी सालाना बिक्री सिर्फ 20-30 लाख रुपये की थी। लेकिन आज जब मैं पीछे मुड़कर देखता हूँ, तो एक्शन EVA का नाम मार्केट में सम्मान और विश्वास के साथ लिया जाता है। मेरी ज़िंदगी बदल चुकी है, और इसकी सबसे बड़ी वजह है – एक्शन EVA का साथ।

एक कठिन दौर और एक सच्चा रिश्ता

ज़िंदगी में हर किसी पर मुश्किल समय आता है, और मेरा भी एक दौर ऐसा था, जब बीमारी ने मुझे तोड़कर रख दिया। दवा, इलाज और बढ़ते ख़र्चों के बीच, मेरे बिज़नेस पर असर पड़ने लगा। घर में चिंता थी, हालात बिगड़ रहे थे। ऐसे वक्त में मेरे अपने भी दूर हो सकते थे, लेकिन एक्शन ईवा ने मेरा हाथ थामे रखा।

अजय जी ने सिर्फ मेरी मदद ही नहीं की, बल्कि हर तरह से मेरा हौसला बढ़ाया। वो सिर्फ बिज़नेस के पार्टनर नहीं थे, बल्कि परिवार बन चुके थे। जब मैं बिस्तर पर था, तब भी मेरा कारोबार चलता रहा। क्योंकि मेरे साथ एक ऐसी कंपनी थी, जो सिर्फ मुनाफ़ा नहीं देखती, बल्कि अपने डीलर्स और पार्टनर्स को अपना परिवार समझती है।

एक्शन ईवा: भरोसे का दूसरा नाम

22 साल बीत गए, लेकिन आज भी जब सुबह उठता हूँ, तो अपने शोरूम पर जाने का वही उत्साह महसूस करता हूँ, जो पहले दिन था। एक्शन ईवा के

साथ मैं हमेशा टेंशन-फ्री रहा हूँ। यही वो भरोसा और अपनापन है, जो इसे सबसे अलग बनाता है।

बिज़नेस की दुनिया में बहुत सी कंपनियाँ आती-जाती हैं, लेकिन जो अपने डीलर्स और रिटेलर्स को भी अपने परिवार का हिस्सा मानें, ऐसी कंपनियाँ बहुत कम होती हैं।

अगर कोई ऐसा काम करना चाहता है, जो सिर्फ मुनाफ़ा ही नहीं, बल्कि मान-सम्मान और टेंशन-फ्री ज़िंदगी भी दे, तो एक्शन ईवा से बेहतर कुछ नहीं। यह सिर्फ मेरा 22 सालों का अनुभव नहीं, बल्कि मेरी ज़िंदगी की सच्चाई है।

"एक्शन ईवा सिर्फ एक बिज़नेस नहीं, एक परिवार है।"

तीन पीढ़ियों का विश्वास: एक्शन ईवा

सार्थक गुप्ता, ग़ाज़ियाबाद

मैं गाजियाबाद में अपनी दुकान चलाता हूँ, लेकिन मेरी यह यात्रा अकेले शुरू नहीं हुई थी—यह एक विरासत है, जो मेरे दादा जी ने 1965 में शुरू की थी। जब उन्होंने इस व्यवसाय की नींव रखी, तब बाज़ार में विकल्प बहुत सीमित थे। लेकिन एक्शन तब भी एक भरोसेमंद नाम था, और उन्होंने शुरुआत से ही इस ब्रांड पर विश्वास किया। समय बदला, ज़रूरतें बदलीं, लेकिन एक चीज़ कभी नहीं बदली—हमारा एक्शन ईवा पर अटूट विश्वास।

इसके बाद मेरे पिता जी ने इस व्यवसाय को आगे बढ़ाया, और अब यह जिम्मेदारी मुझ पर है। आज हमारे पास दिल्ली में तीन दुकानें हैं, जहाँ हर बड़े ब्रांड का सामान उपलब्ध है। लेकिन क्वालिटी, कंफर्ट और कस्टमर सैटिस्फेक्शन के मामले में, एक्शन का मुकाबला कोई नहीं कर सकता।

विश्वास की नींव पर खड़ा बिज़नेस

एक्शन सिर्फ एक ब्रांड नहीं, बल्कि एक भरोसेमंद पार्टनर है। इनके जूते जितने बेहतरीन हैं, उतनी ही कमाल की इनकी पॉलिसियाँ भी हैं। हम वर्षों से एक्शन का माल बेच रहे हैं और आज तक कोई परेशानी नहीं आई।

अगर कभी कोई समस्या हुई भी, तो कंपनी ने हमेशा समय पर साथ दिया और हर मुश्किल में मदद की। यही कारण है कि मैं, तीसरी पीढ़ी का होते हुए भी, पूरी निश्चिंतता और विश्वास के साथ इस ब्रांड के साथ खड़ा हूँ। इसीलिए मैं दावे के साथ कह सकता हूँ कि बिज़नेस में ब्रांड तो बहुत हैं, लेकिन ऐसा विश्वास बहुत कम देखने को मिलता है।

आज, जब मैं अपने दादा जी की बनाई हुई इस विरासत को आगे बढ़ा रहा हूँ, तो मुझे गर्व होता है कि हमने जो सफर शुरू किया था, वह सही दिशा में आगे बढ़ रहा है और इस सफर में, एक्शन ईवा हमारा सच्चा साथी है।

एक्शन ईवाः मेरा सफर, मेरी पहचान

किसी भी व्यवसाय में सफलता केवल प्रोडक्ट की गुणवत्ता से नहीं, बल्कि आपसी विश्वास, रिश्तों और सही दृष्टिकोण से भी जुड़ी होती है। Action EVA मेरे लिए सिर्फ एक ब्रांड नहीं, बल्कि एक परिवार है, जिससे मेरा सफर 2001 में शुरू हुआ। यह सफर मेरे व्यापारिक विरासत का हिस्सा है, जिसे हमने फुटवियर की दुकान से शुरू किया था।

मुकेश कश्यप, राजपाल फुटवियर हरिपुर रोड कटक

एक्शन ईवा के साथ जुड़ने से पहले ही हमने अपने व्यापार की नींव बहुत पहले रख दी थी। 1990 में, हमने होलसेल व्यवसाय शुरू किया, जिससे हम ज़्यादा से ज़्यादा लोगों तक पहुँच सकें।

कुछ ही सालों में हमारी मेहनत रंग लाई। सही मार्गदर्शन तब मिला, जब हमारी मुलाकात अजय अग्रवाल जी से हुई।

यह मुलाकात केवल एक व्यापारिक सौदा नहीं थी, बल्कि एक लंबी साझेदारी की शुरुआत थी। उन्होंने हमें हमेशा प्रोत्साहित किया और हमारी बातों को ध्यान से सुना। जब भी हमें कोई समस्या आती थी या कोई सुझाव देना होता था, वे हर बार उसे गंभीरता से लेते थे और जल्द से जल्द समाधान निकालते थे।

एक्शन ईवा: गुणवत्ता, विश्वास और सफलता

कोई भी ब्रांड तब तक नहीं चलता जब तक वह अपने ग्राहकों की उम्मीदों पर खरा नहीं उतरता। एक्शन ईवा की सबसे बड़ी ताकत उसकी क्वालिटी और भरोसेमंद प्रोडक्ट्स हैं। यही कारण है कि ग्राहक Action EVA के उत्पादों को आँख बंद करके पसंद करते हैं।

मार्केट में कई ब्रांड आए और गए, लेकिन Action EVA का विश्वास अटूट रहा। कई बार मार्केट ट्रेंड्स बदलते गए, लेकिन एक्शन ईवा ने हमेशा नई डिज़ाइनों और बेहतरीन क्वालिटी के साथ बाज़ार में अपनी जगह बनाए रखी।

मिसाल के तौर पर इनके 251 और 252 मॉडल्स जैसे कुछ डिज़ाइनों ने बाज़ार में जबरदस्त सफलता पाई और आज भी ग्राहकों की पहली पसंद बने हुए हैं।

Action EVA: हमारा व्यापार ही नहीं, पहचान भी

Action EVA सिर्फ एक फुटवियर ब्रांड नहीं, बल्कि हमारे व्यवसाय का एक मजबूत स्तंभ है। हर साल हमारी बिक्री में लगभग 10 से 12 लाख रुपये

की बढ़ोतरी हो रही है, जो यह दर्शाता है कि Action EVA आज भी उतना ही लोकप्रिय और सफल ब्रांड है।

कोई भी नया फुटवियर ब्रांड आए, लेकिन जब बात गुणवत्ता, कीमत और भरोसे की आती है, तो ग्राहक खुद Action EVA को ही चुनते हैं। क्योंकि उन्हें पता है कि यहाँ उन्हें हमेशा बेहतर प्रोडक्ट और किफायती रेट दोनों ही मिलेंगे।

भविष्य भी एक्शन ईवा के साथ ही

मैं आज, कल और आने वाले वर्षों तक भी सिर्फ Action EVA के साथ ही व्यापार करूँगा। क्योंकि मैं इस परिवार का एक गर्वित सदस्य हूँ और जब तक मेरे पास यह ब्रांड है, मुझे कभी भी किसी और चीज़ की चिंता करने की कोई ज़रूरत नहीं है, ऐसा मैं मानता हूँ।

Action EVA: परिवार की तरह साथ खड़ा ब्रांड

व्यापार में असली परीक्षा तब होती है जब कठिन समय आता है। जब कोरोना महामारी आई, तब दुनिया भर के बिज़नेस मुश्किल दौर से गुज़र रहे थे। लेकिन उस कठिन समय में भी Action EVA ने हमें अकेला नहीं छोड़ा।

महामारी के कारण कई व्यापारियों के पास आर्थिक दिक्कतें आईं, लेकिन एक्शन ईवा ने यह सुनिश्चित किया कि हमारे पास माल की कोई कमी न हो। अगर किसी डिस्ट्रीब्यूटर के पास पैसों की तंगी थी, तो भी कंपनी ने पहले माल दिया और बाद में भुगतान की सुविधा भी दी। यही वजह है कि Action EVA सिर्फ एक बिज़नेस नहीं, बल्कि हमारे परिवार का हिस्सा है।

स्वर्गीय श्री नवीन अरोड़ा जी

नवीन अरोड़ा जी, जो एक्शन ईवा के पुराने कर्मचारी थे, उनके बारे में सोचते ही दिल भर आता है। वह इतने ईमानदार, मेहनती और भरोसेमंद इंसान थे कि उन्होंने हमें हमेशा अपने परिवार जैसा समझा। जब वह हमें छोड़कर गए, तब भी कंपनी ने उनकी अंतिम यात्रा तक उनका साथ निभाया और उनके परिवार की पूरी तरह से देखभाल की। ऐसी कंपनियाँ बहुत कम होती हैं जो व्यापार के साथ-साथ अपने लोगों का भी ध्यान रखती हैं।

Action EVA: विश्वास, गुणवत्ता और सफलता की कहानी

मेरे परिवार का Action EVA के साथ 22 साल का व्यवसायिक रिश्ता हमारे लिए गर्व की बात है। जब मैंने इस ब्रांड के साथ शुरुआत की थी, तब से ही इसे तेज़ी से बढ़ते और एक मजबूत ब्रांड में बदलते देखना मेरे लिए गर्व की बात है।

आशीष तलरेजा, गुरुकृपा फ़ुटवियर, इंदौर (म.प्र.)

इनके साथ जुड़कर, हमने केवल व्यापार में ही तरक़्क़ी नहीं की, बल्कि हर मुश्किल घड़ी में डिस्ट्रीब्यूटर्स और रिटेलर्स के हितों का पूरा ध्यान रखा।

यही वजह है कि आज यह ब्रांड हजारों रिटेलर्स और ग्राहकों का भरोसेमंद ब्रांड बन चुका है। खासतौर पर बच्चों के फुटवियर सेगमेंट में Action EVA की पहचान बहुत

मजबूत है। Action EVA सिर्फ व्यापार नहीं करता, बल्कि समाज सेवा में भी हमेशा अपने डिस्ट्रीब्यूटर्स, व्यापारियों और ग्राहकों का साथ निभाता है।

- कोविड महामारी के दौरान, जब सभी को आर्थिक कठिनाइयों का सामना करना पड़ा, तब भी कंपनी ने सुनिश्चित किया कि माल की आपूर्ति समय पर हो और व्यापार में किसी को नुकसान न हो।
- समाज सेवा के तहत, जरूरतमंदों की सहायता और सामाजिक कल्याण के कार्यों में भी कंपनी ने सक्रिय भूमिका निभाई।

भविष्य की ओर एक और कदम बढ़ाते हुए, Action EVA मेरे लिए सिर्फ एक ब्रांड नहीं, बल्कि मेरी यात्रा का अभिन्न हिस्सा बन चुका है। इस सफर में मैंने न सिर्फ व्यापार के उतार-चढ़ाव देखे, बल्कि एक सशक्त और भरोसेमंद संगठन के रूप में Action EVA को विकसित होते भी देखा है।

Action EVA: विश्वास, विकास और नया दृष्टिकोण

कुलविंदर सिंह मधोक
मधोक बूट हाउस, चेन्नइ

हमारा यह बिजनेस 1966 में मेरे पिताजी द्वारा मधोक फुटवियर कंपनी के नाम से शुरू किया गया था। तब हमारे पास सिर्फ 58 रिटेलर्स थे, लेकिन धीरे-धीरे यह कारोबार बढ़ता गया। मेरी मुलाकात Action EVA के MD अजय अग्रवाल जी से हुई, और उनका जोश और विजन देखकर मैं बहुत प्रभावित हुआ।

आज चाहे मैं चेन्नई में 10 ब्रांड्स का डिस्ट्रीब्यूटर हूँ, लेकिन जब सेल और ग्राहक संतुष्टि की बात आती है, तो Action EVA हमेशा सबसे आगे रहता है। इस ब्रांड ने न केवल मार्केट में अपनी मजबूत पकड़ बनाई है, बल्कि ग्राहक और डिस्ट्रीब्यूटर के बीच एक अनोखा भरोसा भी कायम किया है।

परिवार से व्यापार तक का सफर

शुरुआत में कंपनी के पास बहुत सीमित डिज़ाइन थे, लेकिन समय के साथ इनोवेशन और नए स्टाइल्स के जरिए बाजार में अपनी अलग पहचान बना ली। आज Action EVA मार्केट में ग्राहकों की पहली पसंद बन चुका है और खासकर बच्चों के फुटवियर सेगमेंट में एक बड़ा नाम है।

असल में Action EVA की सफलता का राज सिर्फ बेहतरीन प्रोडक्ट्स ही नहीं, बल्कि डिस्ट्रीब्यूटर्स और कस्टमर्स के साथ एक पारिवारिक संबंध भी है।

- मार्केट में नए ट्रेंड्स को अपनाते हुए, कंपनी ने क्रॉक्स जैसे डिज़ाइन्स को भी Action EVA में सफलतापूर्वक लॉन्च किया।
- जब अजय अग्रवाल जी ने कंपनी की बागडोर शालू जी को सौंपा, तो उन्होंने न केवल बिजनेस को आगे बढ़ाया, बल्कि समाज सेवा और कर्मचारियों की भलाई के लिए भी महत्वपूर्ण कदम उठाए।
- कंपनी ने स्कॉलरशिप्स और मोटिवेशनल क्लासेस जैसी नई पहल शुरू की, जिससे कर्मचारियों और उनके परिवारों को भी लाभ हुआ।

एक सफल ब्रांड वही होता है, जो अपने डिस्ट्रीब्यूटर्स और ग्राहकों को साथ लेकर चले। यही वजह है कि मेरा बेटा भी अब इस व्यवसाय में कदम रख रहा है और मुझे पूरा विश्वास है कि वह भी इस ब्रांड को नई ऊंचाइयों तक ले जाएगा।

Action EVA: संघर्ष से सफलता तक का सफर

एक्शन EVA के साथ मेरा जुड़ाव सिर्फ एक बिजनेस रिलेशन नहीं, बल्कि मेरी जिंदगी के संघर्ष और सफलता की कहानी का अहम हिस्सा रहा है।

अवनीश कपूर, राम फुटवियर, ग्रेटर नोएडा, उ० प्र०

साल 2000 में मैं एक प्राइवेट नौकरी करता था, लेकिन 2002 में एक एक्सीडेंट हुआ, जिसने मेरी पूरी जिंदगी बदल दी। चोट इतनी गंभीर थी कि मेरे पैर जवाब देने लगे और नौकरी भी चली गई। उस वक्त ऐसा लग रहा था कि सब कुछ खत्म हो गया है।

लेकिन 2006 में किस्मत ने एक नया रास्ता दिखाया – एक्शन EVA। मैंने अपनी छोटी-सी दुकान खोली और एक्शन EVA के प्रोडक्ट्स बेचना शुरू किया।

मजबूत ब्रांड, बढ़ता आत्मविश्वास

मेरी दुकान के ठीक नीचे Relaxo की दुकान थी। शुरुआत में मैंने सोचा कि इतने बड़े ब्रांड के सामने मेरा माल कैसे बिकेगा? लेकिन Action EVA की क्वालिटी और किफायती दामों ने ग्राहकों का भरोसा जीत लिया। धीरे-धीरे ग्राहक जूते-चप्पल की फोटो तक लेकर आने लगे और वही डिज़ाइन बार-बार माँगने लगे। आज मेरी दुकान में कई ब्रांड्स के फुटवियर मिलते हैं, लेकिन सबसे ज्यादा बिक्री और भरोसेमंद प्रोडक्ट अगर कोई है, तो वह Action EVA है।

बेहतर कमाई, बढ़ती मांग, आज के समय में Action EVA की डिमांड इतनी ज्यादा है कि कई बार स्टॉक पूरा करना भी मुश्किल हो जाता है। लेकिन मुझे खुशी है कि मेरा बिजनेस न केवल मज़बूत हुआ, बल्कि लगातार बढ़ भी रहा है।

Action EVA के साथ जुड़कर मैंने सिर्फ आर्थिक मजबूती नहीं पाई, बल्कि आत्मसम्मान भी हासिल किया। यह ब्रांड मेरे लिए सिर्फ एक नाम नहीं, बल्कि मेरी ज़िंदगी को दोबारा पटरी पर लाने का जरिया बना।

"संघर्ष से सफलता का जो सफर मैंने तय किया, उसमें एक्शन EVA ने मेरा पूरा साथ दिया।" आज मैं गर्व से कह सकता हूं कि Action EVA सिर्फ जूते-चप्पल का ब्रांड नहीं, बल्कि लाखों सपनों का सहारा है।

एक्शन EVA: एक भरोसेमंद सफर

अमन अरोड़ा, Action Exclusive Showroom, पानीपत

हमारा यह सफर 2003 में मेरे पिताजी, श्री सुरेंद्र कुमार अरोड़ा जी द्वारा शुरू किया गया था जो इस ब्रांड के साथ कई सालों से जुड़े रहे हैं। मेरे दादाजी भी एक्शन EVA के साथ लंबे समय तक जुड़े रहे, और उनके माध्यम से ही हमारे परिवार ने इस ब्रांड को करीब से जाना और समझा। मेरे पिताजी को जब एक्शन EVA के शोरूम खोलने का प्रस्ताव मिला, तो उन्होंने बिना किसी हिचकिचाहट के इसे स्वीकार किया।

आज, कंपनी की पॉलिसी बेहद पारदर्शी और सहयोगपूर्ण है। एक्शन EVA हर डीलर को पूरा समर्थन देती है, चाहे वह स्टॉक सपोर्ट हो, प्राइसिंग हो या फिर नए डिज़ाइनों की उपलब्धता। यही वजह है कि हमें कभी भी इस ब्रांड से कोई शिकायत नहीं हुई। डीलर्स के लिए यह एक परफेक्ट ब्रांड है, क्योंकि कंपनी की मार्केटिंग और प्रोडक्ट लॉन्चिंग की रणनीति भी शानदार है।

- यदि कोई नया प्रोडक्ट लॉन्च होता है, तो उसकी सही जानकारी दी जाती है।
- यदि किसी प्रोडक्ट में कोई सुधार की आवश्यकता होती है, तो कंपनी तुरंत एक्शन लेती है।

आज, हम इस ब्रांड के साथ निरंतर प्रगति कर रहे हैं, और मुझे पूरा भरोसा है कि आने वाले समय में हमारी सफलता और भी ऊँचाइयों तक जाएगी।

एक्शन EVA: विश्वास और प्रगति का सफर

गणेश रस्तोगी,
स्वदेशी फुटवियर कानपुर

मैं कानपुर में एक्शन EVA का डिस्ट्रीब्यूटर हूँ। फुटवियर व्यवसाय से मेरा गहरा नाता है, और आज मेरे साथ 1200 से अधिक रिटेलर्स जुड़े हुए हैं, जिन्होंने एक्शन EVA को एक प्रतिष्ठित ब्रांड के रूप में स्वीकार किया है।

मेरा एक्शन EVA के साथ बहुत पुराना संबंध है। 1966 में, जब एन.के. अग्रवाल जी सिरसा (हरियाणा) में फुटवियर का व्यवसाय कर रहे थे, तब वे कानपुर से माल लेने आते थे। धीरे-धीरे, हमारे परिवार का उनके साथ व्यक्तिगत और व्यावसायिक संबंध मजबूत होता चला गया।

1992 में मैंने एक्शन ब्रांड का डिस्ट्रीब्यूशन लिया था। जब 2002 में एक्शन EVA की शुरुआत हुई, तो मैं भी इसके साथ जुड़ गया। उस दौरान, कंपनी ने प्रोडक्ट क्वालिटी, किफायती दाम और बेहतर सप्लाई को प्राथमिकता दी, जिससे मार्केट की माँग को बखूबी पूरा किया जा सका।

हर बार जब मैं दिल्ली जाता था और एन.के. अग्रवाल जी और उनके बेटे अजय जी से मुलाकात करता था, तो वे हमेशा पूछते थे कि प्रोडक्ट की क्या स्थिति है और कोई सुझाव है? मेरी हमेशा यही राय रहती थी कि **"प्रोडक्ट शानदार है और बाजार में अच्छा प्रदर्शन कर रहा है।"**

नई लीडरशिप और समाज के प्रति योगदान

जब से शालू जी ने एक्शन EVA की एमडी की जिम्मेदारी संभाली है, कंपनी में नए-नए फैशनेबल डिज़ाइनों की बाढ़ आ गई है, जिससे ग्राहकों की दिलचस्पी लगातार बनी हुई है। इसी के साथ-साथ, समय के अनुसार चलते

हुए, आज एक्शन EVA ने नई तकनीकों को अपनाकर ऑनलाइन पेमेंट सिस्टम शुरू कर दिया है।

अब किसी भी समस्या का समाधान आसानी से हो जाता है और व्यापार बिना किसी रुकावट के आगे बढ़ रहा है। एक्शन EVA सिर्फ बिज़नेस ही नहीं, बल्कि समाज कल्याण में भी बढ़-चढ़कर योगदान दे रही है। यह ऐसा प्रयास है, जो मैंने फुटवियर इंडस्ट्री में पहले कभी नहीं देखा। खासतौर पर कोविड महामारी के दौरान, कंपनी ने अपने कर्मचारियों और डीलर्स का पूरा ख्याल रखा, जिससे यह साफ होता है कि एक्शन EVA हमें अपने परिवार का ही एक हिस्सा मानती है। मैं गर्व से कह सकता हूँ कि मैं भी इस परिवार का एक अभिन्न हिस्सा हूँ!

एक्शन EVA: मेरा सफर, मेरा परिवार

मनीष जी, सुप्रीम फुटवियर, मुज़फ़्फ़रनगर

मैं मुज़फ़्फ़रनगर में एक्शन EVA का डिस्ट्रीब्यूटर हूँ। इस सफर को शुरू हुए 27 साल हो चुके हैं, और इन सालों में मैंने एक्शन EVA को एक छोटे ब्रांड से एक बड़े ब्रांड और लोकप्रिय नाम में तब्दील होते देखा है। जब 2002 में एक्शन EVA ने अपने शुरुआती कदम बढ़ाए, तब उनके पास गिने-चुने डिज़ाइन ही उपलब्ध थे।

लेकिन समय के साथ, कंपनी ने अपने डिज़ाइनों और क्वालिटी में जबरदस्त सुधार किया, जिससे आज यह फुटवियर इंडस्ट्री में एक प्रतिष्ठित ब्रांड बन चुका है।

ग्राहकों को इस ब्रांड के डिज़ाइन, कम्फर्ट और प्राइसिंग इतनी पसंद आई कि वे बार-बार इन्हीं प्रोडक्ट्स की मांग करने लगे। यह देखकर मुझे भी अपने व्यापार की प्रगति और सफलता का एहसास हुआ।

एक्शन EVA: बदलाव और नवाचार की कहानी

कंपनी ने सिर्फ प्रोडक्ट क्वालिटी पर ही ध्यान नहीं दिया, बल्कि मार्केटिंग और बिजनेस ऑपरेशन्स में भी नई रणनीतियाँ अपनाईं।

- कंपनी ने प्रोडक्ट की गुणवत्ता में लगातार सुधार किया।
- मूल्य निर्धारण को ग्राहक और डिस्ट्रीब्यूटर दोनों के अनुकूल रखा, जिससे सभी को लाभ हुआ।
- नीतियों में भी बदलाव लाए गए, जिससे कंपनी देशभर में अपनी लोकप्रियता को और बढ़ा पाई।

डीलर्स और डिस्ट्रीब्यूटर्स के लिए कंपनी का सहयोग

शुरुआत से ही, एक्शन EVA ने डिस्ट्रीब्यूटर्स और डीलर्स की राय को महत्व दिया। जब कंपनी के संस्थापक अजय अग्रवाल जी खुद बाजार में उतरते थे, उन्होंने हमसे सुझाव लिए और उन पर काम भी किया। आज भी, कंपनी हमसे नए प्रोडक्ट लॉन्च और आवश्यक सुधारों पर चर्चा करती है, ताकि बाजार की माँग को बेहतर तरीके से पूरा किया जा सके।

कोविड के समय में कंपनी का साथ

व्यवसाय में असली परीक्षा कठिन समय में होती है। कोविड महामारी के दौरान, जब अधिकतर बिजनेस संघर्ष कर रहे थे, तब भी एक्शन EVA ने अपने डीलर्स और डिस्ट्रीब्यूटर्स का पूरा साथ दिया।

कंपनी ने:

- सप्लाई चेन को बनाए रखा ताकि हमारे पास कभी भी स्टॉक की कमी न हो।
- डिस्ट्रीब्यूटर्स की फाइनेंशियल स्थिति को समझते हुए आवश्यक सहयोग प्रदान किया।

भविष्य की ओर बढ़ते कदम

जब से शालू जी ने एक्शन EVA की बागडोर संभाली है, तब से कंपनी फैशनेबल डिज़ाइनों के साथ-साथ नई तकनीकों को भी अपनाने लगी है।

- पहले मार्केट में कम मॉडल्स उपलब्ध थे, लेकिन अब यह संख्या 70 से 80 हो गई है।
- ऑनलाइन सेल्स और डिजिटल मार्केटिंग के जरिए कंपनी अपनी पहुँच को और मजबूत कर रही है।
- बच्चों के फुटवियर सेगमेंट में भी कई नए मॉडल्स लॉन्च किए गए हैं, जो ग्राहकों को खूब पसंद आ रहे हैं।

एक्शन EVA: एक परिवार की तरह साथ

जब मैं इस सफर पर पीछे मुड़कर देखता हूँ, तो मुझे गर्व होता है कि मैंने एक्शन EVA के साथ कदम से कदम मिलाकर चलने का निर्णय लिया। आज मेरा बेटा भी इस ब्रांड से जुड़ चुका है, और मैं पूरी तरह से आश्वस्त हूँ कि यह रिश्ता आने वाले कई वर्षों तक इसी तरह मजबूती से बना रहेगा।

एक्शन EVA: भरोसे की कहानी, सफलता की जुबानी

दिनेश कुमार
दिनेश शू, जैसलमेर

मैं जैसलमेर में एक्शन EVA फ्लोटर का डिस्ट्रीब्यूटर हूँ। यह सफर मैंने सन् 2000 में शुरू किया था, और आज मैं गर्व से कह सकता हूँ कि एक्शन EVA ने न केवल मेरे व्यवसाय को नई ऊँचाइयों तक पहुँचाया, बल्कि मेरे साथ एक परिवार की तरह खड़ा भी रहा।

जैसलमेर, राजस्थान का एक बड़ा इलाका है, लेकिन यहाँ की शहरी आबादी केवल 50,000 के आसपास है। इसके बावजूद, Action EVA के मार्केट की पकड़ यहाँ बेहतरीन रही है। लोगों को इस ब्रांड पर इतना भरोसा है कि इसके कई प्रोडक्ट्स बाज़ार में सबसे अधिक पसंद किए जाते हैं।

मैं फुटवियर उद्योग में शुरुआत में केवल रिटेल का काम करता था, फिर मैंने होलसेल बिज़नेस में कदम रखा। साल 2012 में मैंने होलसेल का व्यवसाय शुरू किया और Action EVA की नीतियाँ इतनी पारदर्शी और व्यवस्थित थीं कि मुझे कभी किसी तरह की समस्या नहीं हुई।

इतना ही नहीं, 2012-13 के दौरान, कंपनी ने डिज़ाइन इनोवेशन में बड़ा कदम उठाया और कई लोकप्रिय डिज़ाइन लॉन्च किए, जिससे बाज़ार में इस ब्रांड की माँग और भी ज़्यादा बढ़ गई।

शालू जी की नेतृत्व क्षमता और कंपनी का सहयोग:

आज शालू जी के नेतृत्व में एक्शन EVA एक अलग ऊँचाई पर पहुँच चुकी है। वह न केवल मार्केट ट्रेंड्स पर पैनी नज़र रखती हैं, बल्कि डीलर्स और ग्राहकों की ज़रूरतों को भी गहराई से समझती हैं।

- जब भी बाजार में नई मांगें उभरती हैं, कंपनी तुरंत उस पर ध्यान देती है।
- डीलर्स की समस्याओं को सुना जाता है और उन पर तेजी से कार्रवाई की जाती है।
- हर ग्राहक को सस्ती कीमतों पर अच्छी क्वालिटी मिल सके, इसका पूरा ध्यान रखा जाता है।

यही वजह है कि Action EVA डिस्ट्रीब्यूटर्स और ग्राहकों दोनों के लिए एक परफेक्ट ब्रांड बन गया है। अगर मैं अपने अनुभव की बात करूँ, तो आज तक मैंने एक भी गलत प्रोडक्ट नहीं बेचा और मैं कहूँगा कि यह Action EVA की गुणवत्ता का प्रमाण है।

Action EVA: एक रिश्ते की तरह जुड़ा भरोसा

कमल जिंदल जी
जिंदल मार्केटिंग, दक्षिण दिल्ली

हमारी यह यात्रा मेरे पिताजी, श्री कमल किशन जिंदल जी द्वारा शुरू की गई थी। जब उन्होंने इस व्यवसाय में कदम रखा, तब से लेकर आज तक, हमने एक्शन EVA को सिर्फ एक ब्रांड नहीं, बल्कि अपने परिवार का एक हिस्सा माना है। आज हमारे साथ लगभग 250 रिटेलर्स जुड़े हुए हैं, और हमारा अनुभव कहता है कि एक्शन EVA एक ऐसा ब्रांड है, जिसने हमेशा अपनी क्वालिटी, सेवा और अपने डीलर्स के प्रति प्रतिबद्धता बनाए रखी है। जबसे एक्शन EVA की शुरुआत हुई, इस ब्रांड ने हमेशा अपने प्रोडक्ट्स की गुणवत्ता को सर्वोपरि रखा। यही वजह है कि आज भी इस ब्रांड की डिमांड मार्केट में बनी हुई है।

- कंपनी हमेशा अपने कर्मचारियों और डीलर्स के साथ खड़ी रही है।
- जब भी बाजार में बदलाव हुए, एक्शन EVA ने समय पर खुद को अपग्रेड किया।
- ग्राहकों की बदलती जरूरतों को ध्यान में रखते हुए, कंपनी ने डिज़ाइन और गुणवत्ता में लगातार सुधार किया।

यही कारण है कि हमने इस ब्रांड के साथ हमेशा बिना किसी हिचकिचाहट के व्यापार किया और कभी पीछे मुड़कर नहीं देखा। कई बार मुझे एक्शन EVA की मीटिंग्स में शामिल होने का अवसर मिला, और मैंने कभी किसी डीलर को यह कहते नहीं सुना कि उन्हें प्रोडक्ट्स में कोई दिक्कत आ रही हो।

- यहाँ हर चीज़ ईमानदार और पारदर्शिता के साथ चलती है। यह कंपनी अपने डिस्ट्रीब्यूटर्स और डीलर्स की बातों को सुनती है, उनकी जरूरतों को प्राथमिकता देती है और बाजार की मांग के अनुसार निर्णय लेती है।
- हर मीटिंग में यही कहा जाता है: **"स्वस्थ रहिए, अपने परिवार का ध्यान रखिए, और अपने बिजनेस को आगे बढ़ाइए।"**

- कंपनी हर नई माँग को बारीकी से समझकर जल्दी से समाधान निकालती है।

"डीलर्स और रिटेलर्स के लिए विशेष सहयोग, एक्शन EVA के साथ काम करना व्यापार में स्थिरता और सफलता की गारंटी है।" पहले ट्रांसपोर्टेशन में कुछ समस्याएँ आती थीं, लेकिन अब यह भी पूरी तरह व्यवस्थित हो चुका है। कंपनी ने ऐसा सिस्टम बनाया है, जहाँ पर यदि किसी रिटेलर को कोई पुराना आर्टिकल दोबारा चाहिए, तो वह बिना किसी झंझट के उपलब्ध कराया जाता है।

मार्केट में जो भी बदलाव आए, एक्शन EVA ने उन्हें न केवल समझा, बल्कि उन्हें सही दिशा दी। भविष्य की ओर बढ़ते कदमों के साथ, कंपनी की रणनीतियाँ सही दिशा में जा रही हैं। मेरी ख़ुद की ग्रोथ हर साल 20-25% तक बढ़ रही है, और मैं यह देख पा रहा हूँ कि आने वाले वर्षों में एक्शन EVA और भी ऊँचाइयों तक जाएगा। एक डीलर के रूप में मेरी हमेशा यही इच्छा होती है कि:

- प्रोडक्ट बेहतरीन हो
- उसमें कोई शिकायत न हो
- कीमत भी सही हो

एक्शन EVA इन सभी मानकों पर खरा उतरता है। यही कारण है कि मैं बिना किसी संकोच के इस ब्रांड के साथ जुड़ा हूँ और आने वाले समय में भी जुड़ा रहूँगा।

एक्शन EVA: विश्वास, गुणवत्ता और सफलता का संगम

रहमत भाई, धनानी फुटवियर (गुवाहाटी)

मैं कई वर्षों से फुटवियर व्यवसाय से जुड़ा हूँ। आज, न केवल गुवाहाटी, बल्कि नागालैंड, अरुणाचल प्रदेश और अन्य राज्यों में भी मेरे नेटवर्क में

400-500 से अधिक डीलर्स और रिटेलर्स कार्यरत हैं, और मैं यह पूरे विश्वास के साथ कह सकता हूँ कि एक्शन EVA के साथ काम करते हुए मुझे आज तक किसी कठिनाई का सामना नहीं करना पड़ा।

जब कोई ग्राहक एक बार एक्शन EVA का प्रोडक्ट खरीदता है, तो वह इसे बार-बार लेना चाहता है। यह सिर्फ एक संयोग नहीं, बल्कि इसकी बेहतरीन गुणवत्ता और किफायती कीमत का प्रमाण है।

- कंपनी हमेशा अपने प्रोडक्ट्स की गुणवत्ता को सर्वोच्च रखती है, कभी भी ग्राहकों की ओर से कोई शिकायत नहीं आती।
- कंपनी के रेट्स हमेशा संतुलित रहते हैं, जिससे हर प्रकार के ग्राहक इसे आसानी से खरीद सकते हैं।
- हर डिज़ाइन को बारीकी से तैयार किया जाता है, ताकि वह मार्केट की डिमांड को पूरा कर सके।

विशेष रूप से एक्शन EVA के स्कूल शूज़ हमारे क्षेत्र में सबसे अधिक बिकते हैं। यह शूज़ न केवल मजबूत होते हैं, बल्कि इतने आरामदायक भी होते हैं कि माता-पिता भी अपने बच्चों के लिए इसे प्राथमिकता देते हैं।

विज़नरी लीडरशिप: अजय अग्रवाल जी से लेकर शालू जी तक का सफर

जब अजय अग्रवाल जी ने एक्शन EVA की नींव रखी थी, तभी से मेरे और उनके बीच एक खास रिश्ता रहा है। वह न केवल एक बेहतरीन बिज़नेस लीडर हैं, बल्कि सुलझे, दूरदर्शी और सहज व्यक्तित्व के मालिक भी हैं।

अब, पिछले कुछ वर्षों से शालू जी कंपनी की बागडोर सँभाल रही हैं। उनके नेतृत्व में कंपनी लगातार नई ऊँचाइयों को छू रही है।

- हर साल कंपनी अपनी ग्रोथ को नई दिशा में ले जा रही है।
- नए-नए डीलर्स और रिटेलर्स कंपनी से जुड़ रहे हैं।
- कंपनी हर ग्राहक और डीलर की जरूरतों को समझकर प्रोडक्ट्स में सुधार कर रही है।

शालू जी न केवल मार्केट की नब्ज़ पहचानती हैं, बल्कि डीलर्स और डिस्ट्रीब्यूटर्स की जरूरतों को भी गहराई से समझती हैं। उनकी सोच और मेहनत का ही नतीजा है कि कंपनी से जुड़े हर पार्टनर के लिए बिज़नेस करना न सिर्फ आसान बल्कि और भी अधिक लाभदायक व भरोसेमंद बन गया है।

डीलर्स और ग्राहकों की संतुष्टि ही असली सफलता

डीलरशिप की असली सफलता सिर्फ प्रोडक्ट बेचने से नहीं, बल्कि ग्राहकों की संतुष्टि से आती है। यही एक्शन EVA का सबसे मजबूत पक्ष है—ब्रांड, गुणवत्ता और किफायती दाम का सही संतुलन। आज, जब मैं पीछे मुड़कर देखता हूँ, तो मुझे गर्व होता है कि मैं एक्शन EVA परिवार का हिस्सा हूँ।

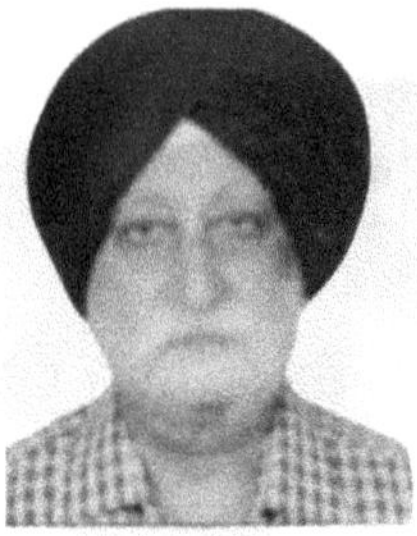

एक्शन EVA: विश्वास, गुणवत्ता और सफलता का अटूट रिश्ता

जसविंदर सिंह बिंद्रा, अग्रवाल फुटवियर डिस्ट्रीब्यूटर, होशियारपुर व हिमाचल प्रदेश

मैं एक्शन ग्रुप के साथ पिछले 10 वर्षों से जुड़ा हूँ और गर्व से कह सकता हूँ कि यह ब्रांड सिर्फ एक व्यवसाय नहीं, बल्कि एक परिवार की तरह है। मेरा मुख्य केंद्र होशियारपुर है, लेकिन इसके अलावा मैं पूरे हिमाचल प्रदेश में भी व्यवसाय कर रहा हूँ।

आज मेरे साथ 270 से अधिक रिटेलर्स जुड़े हुए हैं, जिनमें से कुछ एक्शन ग्रुप के अलावा अन्य मल्टी ब्रांड्स के भी डीलर हैं। फिर भी, जब ग्राहक किफायती कीमत पर बेहतरीन क्वालिटी की चाहत रखते हैं, तो वे एक्शन EVA के प्रोडक्ट्स को ही चुनते हैं।

एक्शन EVA से मेरा सफर: एक मुलाकात, जिसने मेरे भविष्य को बदल दिया। मेरा एक्शन EVA से पहला परिचय श्री अशोक कुमार जी के माध्यम से हुआ। जब वे होशियारपुर आए, तब मेरी उनसे पहली बार मुलाकात हुई। उन्होंने मुझे कंपनी की नीतियों और व्यवसाय के अवसरों के बारे में बताया। उनकी बातें सुनकर मैंने तुरंत एक्शन EVA के साथ जुड़ने का निर्णय लिया और यह मेरी जिंदगी के सबसे अच्छे फैसलों में से एक साबित हुआ।

आज, इतने वर्षों तक इस कंपनी के साथ काम करने के बाद, मैं पूरे आत्मविश्वास के साथ कह सकता हूँ कि:

- एक्शन EVA के प्रोडक्ट्स शानदार गुणवत्ता के साथ आते हैं।
- कंपनी की रिटेल पॉलिसी डीलर्स के लिए पूरी तरह फायदेमंद है।
- ग्राहकों की संतुष्टि ही इस ब्रांड की असली पहचान है।

ग्राहकों का भरोसा: एक्शन EVA की असली ताकत

जब कोई ग्राहक एक बार एक्शन EVA के प्रोडक्ट्स खरीदता है, तो वह बार-बार इन्हीं प्रोडक्ट्स को लेने की मांग करता है क्योंकि उन्हें पता है कि कम कीमत पर इतनी बेहतरीन क्वालिटी कहीं और नहीं मिलेगी। इसके अलावा, शानदार डिज़ाइन, मजबूत मटेरियल और आरामदायक फिटिंग इसे और खास बनाते हैं। हर आयु और हर ज़रूरत के लिए कंपनी के पास बेहतरीन विकल्प मौजूद हैं।

यही कारण है कि मैंने अपने ग्राहकों को हमेशा एक्शन EVA के प्रोडक्ट्स पहनने की सलाह दी है और उन्होंने कभी निराश नहीं किया।

शालू जी के नेतृत्व में कंपनी की नई उड़ान

जबसे शालू जी ने कंपनी की बागडोर संभाली है, तब से एक्शन EVA में जबरदस्त सुधार हुए हैं।

- कंपनी ने नए और मॉडर्न डिज़ाइन्स शामिल किया है।
- ग्राहकों की बदलती ज़रूरतों को ध्यान में रखते हुए क्वालिटी और प्रोडक्ट लाइन में सुधार किया है।
- मार्केट में ब्रांड की मजबूत पहचान बनाई है।

"जब डीलर खुश होता है, तो ग्राहक भी खुश होता है। जब ग्राहक खुश होता है, तो ब्रांड की पहचान और मजबूत होती है।" एक्शन EVA इसी विचारधारा के साथ आगे बढ़ रहा है। मैं खुद को खुशनसीब मानता हूँ कि मैं इस ब्रांड के साथ जुड़ा हूँ। अंत में, यही कहूँगा कि अगर किसी डीलर को तनावमुक्त और लाभदायक व्यवसाय चाहिए, तो एक्शन EVA से बेहतर कोई दूसरा विकल्प नहीं हो सकता।

एक्शन EVA: मेरा परिवार, मेरा विश्वास

हिमांशु सनेजा-
अमित फुटवियर भिवानी

मैं एक्शन EVA का डिस्ट्रीब्यूटर हूँ। मेरी यात्रा इस कंपनी के साथ 22 साल पहले शुरू हुई थी। फुटवियर व्यवसाय में कदम रखने के बाद, मैंने एक्शन EVA के साथ अपनी पहचान बनाई।

मेरे साथ सैकड़ों रिटेलर्स जुड़े हुए हैं, और वे भी इस ब्रांड पर उतना ही भरोसा करते हैं जितना मैं करता हूँ। मेरे पिताजी भी फुटवियर व्यवसाय में थे, और उन्होंने अजय अग्रवाल जी को करीब से जाना था। उनकी प्रेरणा से मैंने भी एक्शन EVA के साथ अपनी यात्रा शुरू की।

शुरुआत में, जब कंपनी के पास केवल कुछ ही डिज़ाइन्स थे, तब हमने भी सीमित स्टॉक ही रखा। लेकिन जैसे-जैसे समय आगे बढ़ा, ब्रांड ने लगातार खुद को विकसित किया और मार्केट में एक से बढ़कर एक शानदार और ट्रेंड-सेटिंग डिज़ाइन्स लॉन्च किए।

यही वजह है कि जहाँ कई कंपनियाँ मार्केट में आईं और कुछ ही समय बाद गायब हो गईं, वहीं एक्शन EVA ने अपना स्थान मज़बूती से बनाए रखा। धीरे-धीरे लोकल ब्रांड्स ने भी इसकी नकल करने की कोशिश की, लेकिन क्वालिटी, इनोवेशन और भरोसे में कोई भी एक्शन EVA के आसपास भी नहीं पहुँच पाया।

बच्चों के जूते, फ्लोटर्स और कैज़ुअल फुटवियर से लेकर हाई-फैशन तक—इस ब्रांड ने हर सेगमेंट में अपनी पहचान बनाई। कंपनी हमेशा डीलर्स से संवाद करती रही है। अगर हमें लगता कि कोई डिज़ाइन बेहतर हो सकता है, तो कंपनी हमारी राय पर ध्यान देती और उसी आधार पर प्रोडक्ट्स में सुधार भी करती है।

जब से शालू जी ने कंपनी की बागडोर संभाली, तब से कई नई नीतियाँ लागू की गईं, जिससे न केवल ब्रांड बल्कि हम डिस्ट्रीब्यूटर्स भी आगे बढ़े।

- डीलर्स के सुझावों को प्राथमिकता दी जाने लगी।
- प्रोडक्ट्स की रेंज को और अधिक विस्तृत किया गया।
- कस्टमर डिमांड को ध्यान में रखकर प्रोडक्ट क्वालिटी में निरंतर सुधार किया गया।

संकट में भी साथ: कोरोना महामारी का अनुभव

COVID-19

जब कोरोना महामारी आई, तब बहुत सी कंपनियाँ अपने डीलर्स और कर्मचारियों को भूल गईं। लेकिन एक्शन EVA ने ऐसा नहीं किया। कंपनी ने हमें लगातार सपोर्ट किया और सुनिश्चित किया कि हमारा स्टॉक समय पर मिले। उन्होंने हमसे हमेशा कहा कि सबसे पहले अपनी सेहत का ध्यान रखें। कई सामाजिक सेवाओं में भी कंपनी ने योगदान दिया, जिससे हमें गर्व महसूस हुआ कि हम इस ब्रांड से जुड़े हैं।

एक डिस्ट्रीब्यूटर से ज्यादा, एक परिवार का हिस्सा:

मैंने अपने व्यवसायिक जीवन में कई ब्रांड्स के साथ काम किया है, लेकिन जो समर्पण और पारदर्शिता एक्शन EVA में है, वह कहीं और नहीं दिखा।

- कंपनी हमें सिर्फ बिजनेस पार्टनर नहीं, बल्कि अपने परिवार का हिस्सा मानती है।
- कभी भी कोई समस्या आई, कंपनी ने उसे हल करने के लिए तुरंत कदम उठाया।
- ब्रांड की पहचान, गुणवत्ता और भरोसे के कारण, ग्राहक बिना झिझके इसके प्रोडक्ट्स को चुनते हैं।

इसीलिए मैं गर्व से कह सकता हूँ – **"एक्शन EVA मेरा सिर्फ बिज़नेस नहीं, मेरा परिवार है!"**

एक्शन EVA: विश्वास की परंपरा, गुणवत्ता की पहचान

सुनील पोपली, रिटेलर ग्वालियर

ग्वालियर की गलियों में फुटवियर का कारोबार हमारे परिवार की धरोहर रहा है। इस व्यवसाय की नींव मेरे पिताजी ने 1959 में रखी थी, और 1984 में मैंने इसे आगे बढ़ाने का ज़िम्मा उठाया। तब से लेकर आज तक, मेरे सफर का सबसे भरोसेमंद साथी रहा है—Action Shoes।

शुरुआत: छोटे कदम, बड़े सपने

जब मैंने व्यवसाय में कदम रखा, तब मार्केट में डिज़ाइन्स की कमी थी। लेकिन एक्शन EVA की पहचान पहले दिन से ही अपनी क्वालिटी और मजबूती के लिए थी। हमारे इलाके में, जिसे लेदर फुटवियर का गढ़ माना जाता है, वहाँ भी एक्शन EVA का अलग ही जलवा है।

- कंपनी के प्रोडक्ट्स टिकाऊ और आरामदायक थे, जो ग्राहक बार-बार खरीदना पसंद करते थे।
- जो एक बार इसे खरीदता, वह दोबारा इसी ब्रांड की माँग करता।
- ग्राहकों की यह निष्ठा ही इस ब्रांड को अन्य कंपनियों से अलग बनाती है।

बदलते समय के साथ बढ़ती पहचान

समय बदला, नई-नई कंपनियाँ आईं, डिज़ाइन्स बदले, लेकिन एक्शन EVA अपनी क्वालिटी और भरोसे की वजह से ग्राहकों के दिलों में हमेशा बना रहा। हर हफ्ते नए ट्रेंड के अनुसार डिज़ाइन्स लॉन्च किए जाते हैं। पहले ग्राहकों को समझाना पड़ता था कि यह एक भरोसेमंद ब्रांड है, लेकिन अब वे खुद इसे माँगते हैं। आज के समय में, जब हर ग्राहक चाहता है कि उसे कम दाम में अच्छी क्वालिटी मिले, एक्शन EVA इस उम्मीद पर पूरी तरह खरा उतरता है।

कंपनी की रिपीट सेल्स (repeat sales) सबसे मजबूत है, यानी जो एक बार इसे खरीदता है, वह बार-बार इसे खरीदता है। मैंने अपने करियर में कई ब्रांड्स के साथ काम किया है, लेकिन जो संतोष और स्थिरता एक्शन EVA के साथ है, वह कहीं और नहीं मिली।

एक्शन EVA: भरोसे की नींव, सफलता की पहचान

अमित गुप्ता, Action Exclusive Showroom, उत्तम नगर, दिल्ली

दिल्ली के उत्तम नगर में फुटवियर का व्यवसाय सिर्फ एक कारोबार नहीं, बल्कि मेरा जुनून है। जब 2005 में मैंने एक्शन EVA के साथ अपना सफर शुरू किया, तब यह सिर्फ एक फुटवियर ब्रांड नहीं था—यह एक ऐसी कंपनी

थी, जो अपने डीलर्स और डिस्ट्रीब्यूटर्स के साथ परिवार की तरह हमेशा साथ खड़ी रहती थी। आज, 19 साल बाद, मेरा यह भरोसा और भी मजबूत हो गया है। जब मैंने एक्शन EVA का फुटवियर बेचना शुरू किया, तब मेरी सालाना बिक्री लगभग 20-30 लाख रुपये थी।

बाजार में संघर्ष था, कई बड़े ब्रांड मौजूद थे, लेकिन एक्शन EVA की क्वालिटी और डिज़ाइन्स की विविधता ने इसे हमेशा सबसे आगे बनाए रखा। हर 10-15 दिनों में कंपनी नए डिज़ाइन्स लॉन्च करती है, जिससे मार्केट में ताजगी बनी रहती है। हर ग्राहक को कुछ नया चाहिए, और एक्शन EVA इस उम्मीद को हमेशा पूरा करता है। लोकप्रियता और डिमांड इतनी तेज़ी से बढ़ी कि आज मेरी सालाना बिक्री एक करोड़ के लगभग पहुँच चुकी है।

कोविड के समय भी एक्शन EVA का साथ

कोविड महामारी के दौरान, जब दुनिया ठहर गई थी, एक्शन EVA ने अपने डीलर्स और डिस्ट्रीब्यूटर्स को कभी अकेला नहीं छोड़ा।

- कंपनी ने हर संभव मदद दी—चाहे वह सप्लाई की हो, क्रेडिट सुविधा की हो, या व्यापार को चलाए रखने की।
- जब बाजार में अनिश्चितता थी, तब भी एक्शन EVA के पास स्पष्ट विजन और रणनीति थी।
- यह वह समय था, जब मुझे एहसास हुआ कि यह सिर्फ एक ब्रांड नहीं, बल्कि एक परिवार है।

क्यों एक्शन EVA सबसे अलग है?

अगर मुझसे पूछा जाए कि एक्शन EVA को बाकी ब्रांड्स से अलग क्या बनाता है, तो मेरा जवाब होगा—**'इसका भरोसा और ग्राहक केंद्रित दृष्टिकोण।'**

- हर नए ट्रेंड के अनुसार डिज़ाइन्स लाना—एक्शन EVA इस मामले में हमेशा सबसे आगे रहता है।
- सस्ती और टिकाऊ क्वालिटी—ब्रांड की सबसे बड़ी ताकत यही है कि हर वर्ग का ग्राहक इससे जुड़ सकता है।

डीलर्स और डिस्ट्रीब्यूटर्स का सम्मान—आज तक मुझे कभी भी ऐसा महसूस नहीं हुआ कि मैं सिर्फ एक बिजनेस पार्टनर हूँ; मुझे हमेशा एक परिवार के सदस्य की तरह माना गया है।

शालू जी की लीडरशिप में, कंपनी नई ऊँचाइयों पर पहुँच रही है। मैं पूरे दावे से कह सकता हूँ कि अगर कोई व्यवसाय करना चाहता है, जहाँ क्वालिटी, भरोसा और तरक्की एक साथ चलें, तो एक्शन EVA ही सबसे सही चुनाव है। यह सिर्फ एक ब्रांड नहीं, बल्कि सफलता की गारंटी है!

एक्शन EVA: भरोसे और सफलता की पहचान

मनोहर लाल माखीजानी, यू एस बूट हाउस, जोधपुर

मेरे पिताजी और नंदकिशोर अग्रवाल जी के बीच एक गहरा रिश्ता था। इस रिश्ते की नींव पर ही मैंने इस बिज़नेस को आगे बढ़ाया और आज भी वह विश्वास कायम है। क्योंकि व्यापार सिर्फ़ लेन-देन का खेल नहीं होता, यह एक भरोसे की नींव पर खड़ा होता है। जब मैंने अपने व्यवसाय की शुरुआत की, तब मेरे लिए सबसे ज़रूरी बात थी—एक ऐसा ब्रांड जिससे ग्राहक भी संतुष्ट रहें और मैं भी टेंशन-फ्री रहूँ।

जब मैंने इस बिज़नेस की शुरुआत की, तब मैंने सिर्फ़ अपने भविष्य को सुरक्षित करने के बारे में सोचा था, लेकिन आज यह कंपनी मेरा एक परिवार बन चुका है। मेरे पास वर्तमान में 500 से 600 रिटेलर्स जुड़े हुए हैं। इसका कारण यही है कि कंपनी की नीतियाँ इतनी मजबूत और पारदर्शी हैं कि मैं

बिना किसी परेशानी के बिज़नेस कर पा रहा हूँ। हर नया प्रोडक्ट, हर नया डिज़ाइन ग्राहकों के लिए कुछ नया लेकर आता है, जिससे सेल्स लगातार बढ़ रही है।

एक्शन EVA: एक ब्रांड से बढ़कर एक पहचान

मार्केट में आए दिन ब्रांड्स आते और जाते रहते हैं, मगर Action EVA ने दशकों से यह साबित किया है कि सफलता का असली आधार क्वालिटी के साथ-साथ भरोसा और पारदर्शिता है।

- ग्राहक सीधे एक्शन EVA फ्लोटर के नाम से ही जूते-चप्पल मांगते हैं।
- ब्रांड का इतना मजबूत प्रभाव है कि बिना किसी झिझक लोग इसे खरीदते हैं।
- गुणवत्ता और कीमत की संतुलन इतना सही है कि हर स्तर का ग्राहक इसे अपना ब्रांड मानता है।

अंत में यही कहूँगा कि जब आप सही निर्णय लेते हैं, तो उसकी पहचान सिर्फ़ मुनाफे से नहीं, बल्कि संतोष से होती है। हर साल मेरी सेल में लगभग 10 लाख रुपये की बढ़ोतरी होती है और मेरे लिये यह एक सुनहरे और संतोषपूर्ण भविष्य की गारंटी है।

CHAPTER-3

हर सदस्य खुश, तभी परिवार खुश!

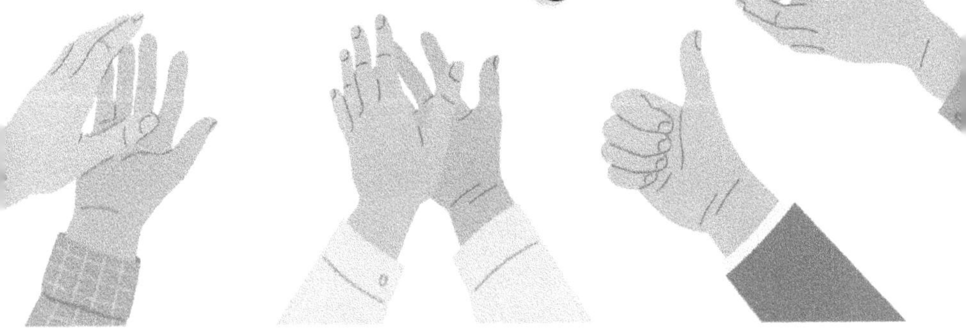

हर सफल ब्रांड के पीछे ऐसे लोग होते हैं जो सिर्फ काम नहीं करते, बल्कि सपनों को साकार करने में अपना पूरा योगदान देते हैं। एक्शन ईवा की असली ताकत हमारे कर्मचारी हैं—वो जो हर दिन नए जोश के साथ काम पर आते हैं, हर चुनौती को अपनाते हैं, और अपने हुनर से कंपनी को नई ऊंचाइयों तक ले जाते हैं। इस अध्याय में, हम उन्हीं की कहानियों को संजो रहे हैं—उनके अनुभव, उनकी मेहनत, और वो छोटे-बड़े लम्हे, जो इस सफर को यादगार बनाते हैं। क्योंकि एक्शन ईवा सिर्फ एक कार्यस्थल नहीं, एक परिवार है!

Executive से Vice President तक का सफर

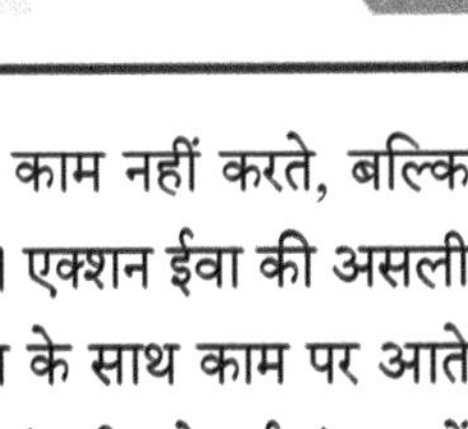

पंकज जैन
वाइस प्रेसिडेंट

मुझे गर्व है कि मैं पिछले कई सालों से Action EVA Flotter का हिस्सा हूँ। मैंने एग्ज़िक्युटिव के तौर पर अपना सफर शुरू किया था और आज वाइस-प्रेसिडेंट की जिम्मेदारी निभा रहा हूँ।

लेकिन अगर मुझसे कोई पूछे कि ये सब कैसे हुआ — तो मैं कहूँगा, ये कंपनी और इसके लीडर्स की सोच और दिशानिर्देश है जो ऐसा हो पाया।

शालू मैम हों, अजय जी हों या एन.के जी — सबने हमेशा हमें एक परिवार की तरह समझा। शालू जी का एक वाक्य आज भी दिल में बसा है — "चाहे प्रॉफिट हो या ना हो, इंसानियत का काम कभी नहीं रुकेगा।"

इस कंपनी ने हमें तरक्की करने का मौका दिया, लेकिन साथ में इंसान बने रहने की सीख भी दी। यहाँ जबरदस्ती नहीं होती, किसी को हटाया नहीं जाता। जन्मदिन मनते हैं, स्कॉलरशिप दी जाती है, वृंदावन सेवा जैसे कामों में कंपनी खुद आगे रहती है।

- मुझे आज भी याद है, शुरू में **अजय जी** ख़ुद 6-7 घंटे मशीनों पर खड़े थे। **एन.के जी** पूरे 23 साल से मोल्डिंग डिपार्टमेंट को अपनी देख-रेख में चला रहे हैं। ये सब देखकर समझ आता है कि हमारी जड़ें कितनी मजबूत हैं।
- **आज कंपनी स्कूल शूज़ में तेजी से आगे बढ़ रही है** – AGT और GoLite जैसे मॉडल्स मार्केट में अच्छी पहचान बना चुके हैं। अब मॉडर्न ट्रेड और ऑनलाइन प्लेटफॉर्म्स पर भी हम फोकस कर रहे हैं। हर महीने 5-6 नए डिज़ाइनों पर काम हो रहा है। एक मशीन से शुरू करते हुए, आज कंपनी में 14 मशीनें चल रही हैं। एक एक्सक्लूसिव शोरूम से बढ़कर 300 शोरूम खुल चुके हैं।
- **शालू जी ने ब्रांड को सिर्फ बिज़नेस नहीं, एक पहचान दी है।** वो खुद एक दूरदृष्टि से संपन्न लीडर हैं जो कंपनी को पूरे दिल से चलाती हैं। Action EVA Flotter मेरे लिए सिर्फ एक कंपनी नहीं — ये एक परिवार है। जहाँ तरक्की भी है, मानवता की सेवा का लक्ष्य भी।

एक सपना, एक सफर

पवन कुमार झा

साल 2002 में, जब मैंने यहाँ कदम रखा, तब सिर्फ 5-7 मशीनें थीं और 20-22 लोग काम कर रहे थे। यह एक छोटी लेकिन सपनों से भरी शुरुआत थी। हर छोटी चीज़ को मिलकर संभालना पड़ता था – कभी मशीन ठीक करनी पड़ती थी, तो कभी नए डिज़ाइनों पर चर्चा करनी पड़ती थी। लेकिन यहाँ जो सबसे खास था, वह था विश्वास।

मुझे कभी यह जगह एक आम कंपनी नहीं लगी। यह एक परिवार था, जो साथ मिलकर कुछ बड़ा करने का सपना देख रहा था।

हर दिन एक नया अनुभव

जैसे-जैसे समय बीता, कंपनी बढ़ती गई और मेरा अनुभव भी बढ़ा। पहले हमारे वितरकों को दिखाने के लिए सिर्फ 4-5 डिज़ाइन होते थे, लेकिन आज हर दिन नए डिज़ाइन तैयार होते हैं।

2016 में जब कंपनी किसी तरह संतुलन बनाए हुए थी, और आज, जब ऑनलाइन कारोबार ₹60 करोड़ और ऑफलाइन ₹100 करोड़ तक पहुँच चुका है, तो गर्व महसूस होता है। लेकिन मेरे लिए असली उपलब्धि यह नहीं है—खुशी इस बात की है कि मैं इस बदलाव का हिस्सा रहा।

एक परिवार की तरह सफर

यहाँ हर कोई सिर्फ एक कर्मचारी नहीं, बल्कि परिवार का सदस्य है। अजय जी और शालू जी ने एक ऐसा माहौल दिया, जहाँ हर किसी की राय मायने रखती है। जब कोई नई मशीन आती है या नया उत्पाद लॉन्च होता है, तो

हम सबकी राय ली जाती है। इससे मुझे हमेशा लगा कि मैं सिर्फ नौकरी नहीं कर रहा, बल्कि इस सफर का एक अहम हिस्सा हूँ।

खुशी के असली मायने

आज जब पीछे मुड़कर देखता हूँ, तो सबसे बड़ी खुशी इस बात की होती है कि मैंने अपनी मेहनत का फल देखा है। जब घर जाता हूँ और अपने परिवार को बताता हूँ कि मैं सिर्फ एक कंपनी में नहीं, बल्कि एक पहचान देने वाली जगह पर काम करता हूँ, तो गर्व महसूस होता है।

सफ़र जारी है...

ईवा फ्लॉटर मेरे लिए सिर्फ एक कंपनी नहीं, बल्कि मेहनत, विश्वास और सफलता से भरा एक सफर है। और इस सफर में मैं हमेशा गर्व से खड़ा रहूँगा, क्योंकि मैंने इसे अपने हाथों से आकार लेते हुए देखा है।

राजीव भारद्वाज:
हेड – डिस्पैच विभाग

एक समर्पित सफर

किसी भी कंपनी के लिए समर्पण सबसे बड़ी पूंजी होती है। जब मैं पीछे मुड़कर देखता हूँ, तो महसूस करता हूँ कि मेरे लिए एक्शन सिर्फ एक कार्यस्थल नहीं, बल्कि एक परिवार है। 36 वर्षों का यह सफर मेरे जीवन का अभिन्न हिस्सा बन चुका है।

जब मैंने इस सफर की शुरुआत की, तब अंदाजा नहीं था कि यह कंपनी मेरी पहचान बन जाएगी। मैंने एन. के. अग्रवाल जी से लेकर शालू जी तक, हर नेतृत्व के साथ काम किया और हर दौर में कंपनी के बदलते रंग देखे।

एक्शन के साथ मेरा रिश्ता सिर्फ ऑफिस तक सीमित नहीं, यह मेरे जीवन का हिस्सा बन चुका है। हर चुनौती ने कुछ नया सिखाया और हर बदलाव ने मुझे मजबूत बनाया।

मैंने वह दौर भी देखा जब एक्शन की बाजार में मोनोपॉली थी। कंपनी इतनी तेजी से बढ़ रही थी कि न मालिकों के पास फुर्सत थी, न कर्मचारियों के पास। डिस्ट्रीब्यूटर हमारे उत्पादों के लिए होड़ में रहते थे।

"काम की भागदौड़ रहती थी, लेकिन उसमें एक अलग ही ऊर्जा थी। जब कोई कंपनी ऊंचाइयों को छूती है, तो गर्व होता है कि मैं इसका हिस्सा हूँ।"

बदलाव के साथ बढ़ता एक्शन

समय के साथ बाज़ार बदला, चुनौतियाँ बदलीं और कंपनी ने खुद को नए सिरे से संगठित किया। पहले जहाँ सब कुछ मैनुअल था, वहीं अब टेक्नोलॉजी ने पूरे सिस्टम को और अधिक आधुनिक व सुव्यवस्थित बना दिया है।

"शालू जी के नेतृत्व में कंपनी पहले से ज्यादा संगठित और प्रभावी हो गई है। यह देखकर खुशी होती है कि एक्शन हर दिन नई ऊंचाइयों को छू रहा है।"

डिस्पैच डिपार्टमेंट: मेरी जिम्मेदारी

आज मैं हेड ऑफ डिस्पैच डिपार्टमेंट के रूप में सिर्फ माल भेजने का काम नहीं करता, बल्कि यह भी सुनिश्चित करता हूँ कि हर ऑर्डर सही समय पर सही हाथों में पहुंचे।

"डिस्पैच सिर्फ एक डिपार्टमेंट नहीं, बल्कि कंपनी की नब्ज़ है। अगर यह सही चले, तो पूरी सप्लाई चेन मजबूत रहती है।"

मेरी पहचानः एक्शन फैमिली

मेरे लिए एक्शन सिर्फ नौकरी नहीं, बल्कि परिवार है। यहाँ मैंने दोस्त बनाए, रिश्ते बनाए और अपने जीवन के सबसे सुनहरे पल जिए।

"मैंने यहाँ सिर्फ काम नहीं किया, बल्कि अपने जीवन के 36 सालों को एक ऐसे सफर में जिया है जो विश्वास, समर्पण और मेहनत से भरा रहा है। एक्शन सिर्फ मेरा कार्यस्थल नहीं, मेरी पहचान है।"

तरक्की करना और परिवार का हिस्सा होने का एहसास है Action EVA

पुनीत ग्रोवर

Business Development Manager

4 साल फुटवियर इंडस्ट्री में काम करने के बाद यहाँ आकर महसूस हुआ कि यह सिर्फ़ कंपनी नहीं बल्कि एक ऐसी जगह है जहाँ हर कर्मचारी को सम्मान, विश्वास और अपनापन मिलता है। यहाँ हमें पूरी आज़ादी मिलती है कि हम बाज़ार और ग्राहकों की ज़रूरत के हिसाब से अपने निर्णय ले सकें।

मैं यहाँ मॉडर्न ट्रेड, B2B, B2C, ऑनलाइन सेल्स और एक्सपोर्ट देखता हूँ। मॉडर्न ट्रेड की शुरुआत D-Mart और Vishal Mega Mart से हुई थी और आज हम पूरे भारत में VMart, V2 Retail, V Bazaar, Local Bazaar Kolkata, East और UP-बिहार जैसे नेटवर्क तक पहुँच चुके हैं। इंटरनेशनल चेन Lulu Hypermarket में भी हमारी उपस्थिति है और अब दक्षिण भारत में हमारा विस्तार हो रहा है – Chennai, Tamil Nadu, Pothys South, City Style, Shubham Kmart, Sumit Bazaar जैसे नाम जुड़ चुके हैं। कुछ ही सालों में हमारी मॉडर्न ट्रेड सेल्स 10-15 करोड़ से बढ़कर 50-60 करोड़ तक पहुँच चुकी है, जिसमें लगभग 40% योगदान MT का है।

ऑनलाइन सेल्स में भी हमने तेज़ी से प्रगति की है। B2B में Bijnis और Solve जैसे ऐप्स पर हमारी लिस्टिंग है। B2C में हम Flipkart, Amazon, Myntra, Meesho, Ajio और क्विक कॉमर्स प्लेटफ़ॉर्म्स जैसे Zepto, Blinkit, Swiggy Instamart और Big Basket से जुड़े हुए हैं।

एक्सपोर्ट के क्षेत्र में भी हमने मज़बूत शुरुआत की है – सिर्फ़ एक साल में दुबई, क़तर और सऊदी अरब में डिस्ट्रीब्यूटर नेटवर्क स्थापित कर लिया है। आने वाले सालों में इस दिशा में और तेज़ वृद्धि की उम्मीद है।

Action EVA में काम करना सिर्फ़ नौकरी नहीं बल्कि एक मिशन जैसा है, जहाँ हर दिन कुछ नया सीखने और आगे बढ़ने का अवसर मिलता है।

मुझे गर्व है कि मैंने जीवन के 18 साल यहाँ बिताये हैं

एल्विन जॉर्ज
Manager (Modern Trade)

मेरे लिए Action EVA में काम करना कभी नौकरी जैसा नहीं लगा। यहाँ कोई राजनीति नहीं, कोई भेद-भाव नहीं – बल्कि ऐसा माहौल है जो जीवन को भी बेहतर बनाता है। चाहे मेडिकल सपोर्ट हो, बच्चों की पढ़ाई में मदद या सामाजिक कार्यों के लिए प्रोत्साहन – कंपनी हर कदम पर कर्मचारियों का साथ देती है। यही कारण है कि नया कर्मचारी भी तुरंत इस परिवार का हिस्सा बन जाता है।

शालू जी हमेशा कहती हैं कि चाहे कोई भी स्तर पर काम कर रहा हो, अगर कोई परेशानी है तो वह सीधे उनके पास आ सकता है। समय पर इनक्रिमेंट, साल में दो महीने का बोनस – यह सब दर्शाता है कि यहाँ कर्मचारियों को

कितना महत्व दिया जाता है। यही वजह है कि अधिकतर स्टाफ़ 10-15 साल से भी ज़्यादा समय से यहाँ जुड़ा है।

मैंने अपनी यात्रा असिस्टेंट स्टोर मैनेजर के रूप में शुरू की थी और आज पूरे देश का मॉडर्न ट्रेड देखता हूँ। 2007 में रिटेल शो-रूम से शुरुआत कर, आज D-Mart, Reliance, Vishal Mega Mart और More Hypermarket जैसे बड़े चैनल्स को संभाल रहा हूँ। जहाँ कभी मॉडर्न ट्रेड के लिए सिर्फ़ एक मशीन थी, आज इसके लिए पूरी फैक्ट्री समर्पित है। 1-2 SKUs से शुरू कर, आज 35-40 SKUs सिर्फ़ मॉडर्न ट्रेड के लिए बनते हैं।

कंपनी के साथ-साथ खुद को भी बढ़ते देख मैंने तय किया है कि मैं यहीं से रिटायर होऊँगा। Action EVA मेरे लिए सिर्फ़ एक कंपनी नहीं, बल्कि मेरा दूसरा घर है।

हितेश कौशिक, EA to MD
इंसानियत की सीख

हम जो कुछ भी सीखते हैं—अच्छा या बुरा—वह हमारी परवरिश का ही हिस्सा होता है। यही परवरिश हमारे विचारों और कर्मों में झलकती है।

दान की सीख, जो जीवन बदल दे

मैंने शालू जी से सिर्फ काम ही नहीं, इंसानियत की भी गहरी सीख ली। उन्होंने सिखाया कि सफलता केवल अपने लिए नहीं होती, बल्कि ज़रूरतमंदों की मदद करना ही असली सफलता है।

"अब, मैं अपने परिवार के हर सदस्य के जन्मदिन पर कुछ न कुछ दान करता हूँ—कभी गरीबों को भोजन कराता हूँ, तो कभी पशु-पक्षियों का ख्याल रखता हूँ। यह मेरी परंपरा बन गई है।"

प्रकृति का सम्मान, जीवन की शांति

"हम अगर प्रकृति की पूरी तरह देखभाल नहीं कर सकते, तो कम से कम उसे नुकसान भी न पहुँचाएँ।"

मुझे विश्वास है कि जब हम प्रकृति और जीव-जंतुओं की परवाह करते हैं, तो बदले में प्रकृति भी हमें शांति और संतुलन का उपहार देती है।

एक नया दृष्टिकोण, एक नया जीवन

आज, मैं पहले से अधिक शांत और संतुष्ट महसूस करता हूँ। EVA मेरे लिए सिर्फ एक कंपनी ही नहीं, बल्कि वह जगह बन गई है, जिसने मुझे बेहतर इंसान बनने की प्रेरणा दी।

"अगर मैं आज इस सोच के साथ जीवन जी रहा हूँ, तो उसका श्रेय सिर्फ और सिर्फ शालू जी को जाता है।"

यह सिर्फ दान की नहीं, बल्कि एक आंतरिक बदलाव की कहानी है—एक ऐसा बदलाव जो मेरे दिल में हुआ और अब मेरी आदत बन चुका है।

एक सपने को पंख मिले - शिव प्रताप सिंह

कल्पना कीजिए—आपकी बेटी 12वीं में 90% लाए, लेकिन आर्थिक हालात जश्न मनाने न दें। शिव प्रताप सिंह, Eva कंपनी के समर्पित कर्मचारी, इसी स्थिति में थे।

जब अनिल जी को यह पता चला, तो उन्होंने तुरंत शालू जी को बताया। फिर जो हुआ, वह उम्मीद से परे था। शिव प्रताप जी को बुलाकर उनकी बेटी की सफलता का जश्न पूरे ऑफिस में मनाया गया। उसे ₹ 21000 इनाम और एक लैपटॉप भी दिया गया। कंपनी की MD शालू जी ने उसकी पूरी पढ़ाई की जिम्मेदारी भी ले ली।

"सच्चे इंसान वही होते हैं, जो अपने नहीं, बल्कि अपने लोगों के सपनों को भी साकार करते हैं।"

एक साधारण मज़दूर से R&D हेड तक का सफर

संदीप वर्मा, R&D हेड

हर कंपनी की नींव में कुछ लोग ऐसे होते हैं, जो उसे आगे बढ़ाने में अहम भूमिका निभाते हैं। मेरी कहानी भी कुछ ऐसी ही है—एक साधारण मज़दूर की शुरुआत से लेकर R&D हेड बनने तक का सफर। मैंने 2002 में एक मजदूर के रूप में यात्रा शुरू की। मेरी मेहनत देखकर एन. के. अग्रवाल जी ने मुझे डिज़ाइनिंग विभाग में भेजा। वहां, विजय कुमार जी के मार्गदर्शन में मैंने डिज़ाइनिंग की बारीकियां सीखीं। सालों की मेहनत के बाद, आज मैं R&D विभाग का प्रमुख हूं। मेरी यात्रा इस बात का प्रमाण है कि सच्ची मेहनत का फल जरूर मिलता है। आज, मैं उन सभी के लिए प्रेरणा बनना चाहता हूं, जो बड़े सपने देखते हैं और उन्हें सच करने का हौसला रखते हैं।

सुनील गोयल: CA, Action Eva Flotter

वित्तीय प्रबंधन और कंपनी की प्रगति का अहम हिस्सा

मैं 2008 से EVA के साथ जुड़ा हूँ और इन 16 वर्षों में मैंने कंपनी में कई बड़े बदलावों को करीब से देखा और समझा है। जब मैं कंपनी में आया था, तब EVA में मात्र 300 कर्मचारी थे, लेकिन आज यह संख्या बढ़कर 600 हो गई है। साथ ही, कंपनी ने दो नए प्लांट्स भी स्थापित किए हैं, जिससे स्पष्ट

होता है कि EVA ने वित्तीय प्रबंधन और नए प्रोडक्ट्स के मामले में उल्लेखनीय वृद्धि की है।

EVA हमेशा अपने डिस्ट्रीब्यूटर्स और रिटेलर्स के लिए पारदर्शिता बनाए रखने पर जोर देती है। इसी दिशा में, कंपनी हर महीने अपने डिस्ट्रीब्यूटर्स को बैलेंस शीट (लेज़र) भेजती है, जिससे वे अपने वित्तीय लेन-देन और बिजनेस की स्थिति को बेहतर ढंग से समझ सकें। इसके अलावा, EVA अपने डिस्ट्रीब्यूटर्स को Cash Discount (CD) और अन्य इंसेंटिव्स भी प्रदान करती है, ताकि उनके व्यवसाय को निरंतर बढ़ावा मिल सके।

एक और महत्वपूर्ण बदलाव यह हुआ कि पहले Action EVA अपना कच्चा माल बाहरी vendors से खरीदती थी, लेकिन अब कंपनी ने खुद raw material (compound) का उत्पादन शुरू कर दिया है। इससे प्रोडक्ट क्वालिटी में काफी सुधार हुआ है, जिससे ग्राहकों को नई डिज़ाइन और एक्स्ट्रा सॉफ़्टनेस जैसी बेहतर सुविधाएँ भी मिल रही हैं।

Action EVA की इस विकास यात्रा में मजबूत प्रबंधन और सही रणनीति ने एक अहम भूमिका निभायी है। इतनी पारदर्शी और ईमानदार कंपनी के साथ काम करके मुझे सही मायने में गर्व महसूस होता है।

सुशील जैन जी
प्रोडक्शन हेड

सुशील कुमार जैन: समर्पण और निरंतरता की मिसाल

जब आप किसी जगह लंबे समय तक काम करते हैं, तो वह सिर्फ कार्यस्थल नहीं, बल्कि परिवार बन जाती है। मेरी कहानी भी कुछ ऐसी ही है।

2002 में मैंने निखिल फैक्ट्री के प्रोडक्शन डिपार्टमेंट में अपने करियर की शुरुआत की। यह फैक्ट्री एन. के. अग्रवाल जी की थी, और यहीं से मेरा सफर

शुरू हुआ। मेहनत और प्रतिबद्धता से आगे बढ़ते हुए, मैं अजय जी की कंपनी, एक्शन ईवा का हिस्सा बना।

2017 में जब मैंने Eva जॉइन की, तब शालू जी कंपनी का नेतृत्व कर रही थीं। कोविड महामारी के दौरान, जब पूरी दुनिया संघर्ष कर रही थी, उन्होंने सभी कर्मचारियों को पूरा वेतन दिलाया और राशन वितरण पहल की शुरुआत की, जो आज भी जारी है।

आज, मैं Eva के प्रोडक्शन डिपार्टमेंट का हेड हूँ और कंपनी की सफलता में अपना योगदान दे रहा हूँ। मेरी यात्रा यही साबित करती है कि लगन और निष्ठा आपको हमेशा ऊँचाइयों तक पहुँचाती है।

हरी पाल सैनी
हेड – इलेक्ट्रिक डिपार्टमेंट

समर्पण और मज़बूत कार्यसंस्कृति का प्रतीक

जब कंपनी अपने कर्मचारियों को क्रिकेट, पिकनिक और ध्यान सत्र जैसी गतिविधियों में शामिल करती है, तो उसका विकास निश्चित होता है। Eva हमेशा अपने कर्मचारियों की भलाई का ध्यान रखती है, यही कारण है कि यहाँ लोग सिर्फ़ सालों तक नहीं, बल्कि दशकों तक जुड़े रहते हैं।

पहले Action Eva बाहरी स्रोतों से कच्चा माल खरीदती थी, लेकिन अब हम खुद उच्च गुणवत्ता वाला कच्चा माल तैयार कर रहे हैं, जिससे ग्राहकों को बेहतरीन उत्पाद मिल सकें।

मैं Action कंपनी से उसके शुरुआती दिनों से जुड़ा हूँ और यहाँ 25 साल पूरे कर चुका हूँ। काम के दबाव के बावजूद, प्रबंधन ने हमेशा कर्मचारियों की भलाई सुनिश्चित की। खासकर, अजय जी ने हमारे भोजन और देखभाल का पूरा ध्यान रखा।

Eva की सफलता सिर्फ़ प्रोडक्ट्स तक सीमित नहीं है, बल्कि यह समर्पित कर्मचारियों की मेहनत और उनकी भलाई के लिए किए गए सतत प्रयासों का परिणाम है।

30 सालों की निष्ठा: एक परिवार से भी बढ़कर रिश्ता

अनिल कुमार शर्मा,
रिसेप्शनिस्ट, एक्शन ईवा

जब मैं 18 साल का था, तब पहली बार एक्शन ईवा में कदम रखा। तब यह मेरे लिए सिर्फ एक नौकरी थी, लेकिन आज, 30 साल बाद, मैं कह सकता हूँ कि यह मेरा दूसरा घर बन चुका है।

वह दिन, जिसने मेरा विश्वास और गहरा कर दिया

15 अगस्त 2008 का दिन मैं कभी नहीं भूल सकता। मेरा बेटा छत से गिरकर गंभीर रूप से घायल हो गया। मैं घबरा गया, नांगलोई के कई अस्पतालों के चक्कर लगाए, लेकिन कहीं भी तत्काल इलाज नहीं मिला। हारकर मैंने एन. के. अग्रवाल जी (अजय जी के पिता) को फोन किया।

एक्शन ईवा: जहाँ नौकरी नहीं, एक रिश्ता मिलता है

बिना एक पल गँवाए, उन्होंने श्री बालाजी अस्पताल से बात की। जब तक मैं वहाँ पहुँचा, डॉक्टर इलाज के लिए तैयार थे। ऑपरेशन सफल रहा, और मेरे बेटे की जान बच गई। जब मैंने इलाज का खर्च पूछा, तो अग्रवाल जी ने बस मुस्कुराकर कहा, "परिवार के लिए कोई हिसाब नहीं रखा जाता।" इस घटना के बाद, मुझे एहसास हुआ कि एक्शन ईवा सिर्फ अपने उत्पादों के लिए नहीं, बल्कि अपने लोगों के प्रति समर्पण के लिए भी खास है। यहाँ हर कोई सिर्फ एक कर्मचारी नहीं, बल्कि इस बड़े परिवार का अहम हिस्सा है।

30 साल बाद भी, मैं उसी ऊर्जा, समर्पण और आभार के साथ यहाँ जुड़ा हूँ। यह मेरे लिए सिर्फ नौकरी नहीं, बल्कि जीवन का सबसे अनमोल अनुभव है। मैं हमेशा इस परिवार का हिस्सा रहूँगा।

एक अटूट भरोसा

राजू पाल: गार्ड

जब कोई व्यक्ति गांव छोड़कर शहर कमाने आता है, तो सबसे बड़ी चिंता होती है—क्या यह जगह मेरे लिए सही होगी?

लेकिन जब मालिक और सहकर्मी परिवार की तरह मिलें, तो यह चिंता दूर हो जाती है। मैंने अपना 16 साल का यह सफर स्टोर से शुरू किया था, लेकिन मेहनत, ईमानदारी और निष्ठा की बदौलत आज सिक्योरिटी डिपार्टमेंट का हेड हूं।

"ईवा सिर्फ नौकरी की जगह नहीं, यह मेरा घर है। यहां हर कोई मेरी मेहनत की कद्र करता है।"

सम्मान और विश्वास

मैंने शालू जी के घर की सुरक्षा टीम में भी काम किया और वहां भी हमेशा आदर और सम्मान मिला। **"ऐसे लोग बहुत कम होते हैं, जो कर्मचारियों से परिवार की तरह व्यवहार करें।"**

जब सुरक्षा सिर्फ ड्यूटी नहीं, जिम्मेदारी बन जाए

मेरे लिए सिक्योरिटी सिर्फ गेट पर खड़े रहना नहीं, बल्कि कंपनी और इसके मूल्यों की रक्षा करना है। "जब तक मैं यहां हूं, ईवा की सुरक्षा मेरी प्राथमिकता रहेगी।"

ईवा: जहां हर व्यक्ति महत्वपूर्ण है

जब कंपनी सम्मान देती है, तो कर्मचारी सिर्फ काम नहीं करता—वह अपना दिल और आत्मा लगा देता है।

"मुझे गर्व है कि मैं ईवा परिवार का हिस्सा हूं। यह सफर जितना लंबा चला है, उतना ही खूबसूरत भी रहा है।"

दिल से लिखी गई एक बात — Action EVA परिवार के नाम

Dear Member of Action EVA Family,

कभी-कभी जब मैं पीछे मुड़कर देखती हूँ, तो ये साफ़ समझ में आता है कि अजय जी के लिए Action EVA सिर्फ एक कंपनी नहीं रही—ये उनका सपना रहा है। एक ऐसा सपना जिसे उन्होंने बच्चे की तरह पाला, संवारा और सींचा। और आज, इतने साल इस परिवार का हिस्सा बनने के बाद, मैं भी उस सपने से खुद को जुड़ा हुआ महसूस करती हूँ।

शायद उम्र में मैं आप सबसे छोटी हूँ, लेकिन आपने मुझे जो अपनापन और इज़्ज़त दी है, वो मुझे हर दिन एक बड़ी ज़िम्मेदारी का अहसास कराती है। अगर आप में से कोई परेशानी में हो, तो मुझे लगता है जैसे वो मेरी भी चिंता है। और जब आप में से कोई खुश होता है, तो वो खुशी मेरे दिल को भी छू जाती है।

शुरुआत में मेरा फोकस कंपनी को आगे ले जाने पर था—अजय जी की सोच और विज़न को साकार करने पर। लेकिन अब, वो सोच सिर्फ मुनाफे तक सीमित नहीं रही। अब ये सपना है—एक ऐसी संस्था बनाने का जो न सिर्फ आर्थिक रूप से सशक्त हो, बल्कि समाज को भी सशक्त बनाए।

अब सवाल सिर्फ ये नहीं कि हम कितना कमाते हैं, बल्कि ये भी है कि हमारे बढ़ते कदम समाज में कितनी खुशी लेकर आते हैं—क्या हमारे मज़दूर भाइयों के जीवन में कुछ सुधार आया? क्या हम किसी बच्चे की पढ़ाई का सहारा बन पाए? क्या किसी बीमार को ज़रूरत का इलाज मिल पाया?

Action EVA ने हमेशा समाज के लिए योगदान दिया है—लेकिन मुझे ये और ज़्यादा व्यक्तिगत लगता है। शायद इसलिए, क्योंकि मुझे रोज़ उन ज़मीन से जुड़े चेहरों से मिलने का मौका मिलता है, जो हर दिन हमारे साथ कंधे से कंधा मिलाकर मेहनत करते हैं। और जब आप करीब से देख पाते हैं, तो

समझ आता है कि बदलाव के लिए सिर्फ पैसा काफी नहीं, दिल से जुड़ना ज़रूरी है।

अब ये सफ़र सिर्फ मेरा नहीं, हमारा है। इसी सोच के साथ हमने डिस्ट्रीब्यूटर्स को भी इस पहल में शामिल किया है। मैं रोज़ आपसे बातचीत करती हूँ, ये समझने के लिए कि कैसे हम CSR के ज़रिए अपने-अपने समुदाय में कुछ असर छोड़ सकते हैं।

हमारा मकसद साफ है—ना ब्रांडिंग, ना प्रचार। बस एक सच्चा प्रयास कि हम किसी ज़रूरतमंद तक सीधे मदद पहुँचा सकें। हमने अब एक CSR Coordinator भी नियुक्त किया है ताकि ये प्रयास और सशक्त हो।

कभी-कभी तो दिल से यही लगता है कि जितना भी मुनाफा हो, सब समाज में वापस चला जाए। मैं जानती हूँ कि हर बात व्यावहारिक नहीं होती, लेकिन मेरा दृष्टिकोण हमेशा यही रहेगा—Action EVA एक ऐसी जगह हो जहाँ सिर्फ व्यापार नहीं, बल्कि सेवा की भावना भी हो।

हमारी हर सफलता को किसी सामाजिक पहल से जोड़ना हमारा विज़न है। अगर इस साल हम ₹200 करोड़ का टर्नओवर छूते हैं, तो हम 200 बच्चों की शिक्षा का ज़िम्मा लेंगे। पिछले साल हमने 100 बच्चों की पढ़ाई में मदद की थी—इस बार और आगे बढ़ना है क्योंकि जब मुनाफे के पीछे एक मकसद होता है, तो काम करने का मज़ा ही कुछ और होता है।

आप सभी का दिल से धन्यवाद।

आपकी अपनी,

शालू अग्रवाल

(Action EVA परिवार की एक सदस्य)

Action EVA परिवार की कुछ ख़ास बातें -

काम की जगह, ज़िन्दगी का विस्तार

Action EVA में हमारा मानना है कि काम सिर्फ़ टार्गेट पूरे करने का नाम नहीं है। यहाँ काम करने का मतलब है ज़िन्दगी को बेहतर बनाना—हर दिन, हर पल। इसलिए हमने अपने ऑफिस और फैक्ट्री को सिर्फ़ प्रोडक्शन यूनिट नहीं, बल्कि एक ऐसी जगह बनाया है जहाँ लोग आत्मिक और मानसिक रूप से भी आगे बढ़ते हैं।

ध्यान है, तो ध्यान है

दिन की शुरुआत ध्यान (मेडिटेशन) से होती है। हमारे कर्मचारी इसे पहले "समय की बर्बादी" समझते थे, लेकिन अब यह Action EVA की आत्मा है।

ध्यान से ना केवल मन शांत होता है, बल्कि काम में फोकस और टीम में सामंजस्य भी बढ़ता है। यहाँ ध्यान एक आदत नहीं, एक अभ्यास है जो सबको बेहतर बनाता है।

स्माइली बैज: हमारे चेहरे की ख़ुशी

हर मुस्कान की एक पहचान है—हमारा स्माइली बैज। यह सिर्फ़ एक छोटा पीला चिन्ह नहीं, बल्कि हमारे वर्क कल्चर की फ़िलॉसफ़ी है। जब कोई हमसे पूछता है, "क्यों पहना है ये बैज?", हम मुस्कुराकर कहते हैं, **"क्योंकि हमारे काम में ख़ुशी ज़रूरी है।"** यह बैज लोगों को याद दिलाता है कि काम के साथ हँसी भी ज़रूरी है।

हम साथ खेलते हैं, इसलिए साथ खड़े रहते हैं

Cricket सिर्फ़ खेल नहीं, हमारा टीम बिल्डिंग मंत्र है। हर साल, हमारी यूनिट्स मिलकर क्रिकेट मैच खेलती हैं। यहाँ हार-जीत मायने नहीं रखती—

बॉन्डिंग मायने रखती है। इस मैदान पर कोई बॉस नहीं, सब खिलाड़ी हैं। और यही भावना ऑफिस में भी साथ चलती है।

जहाँ बॉस नहीं, मार्गदर्शक होते हैं

हमारे लीडर्स सलाह देते हैं, आदेश नहीं। यहाँ नेतृत्व सख़्त हो सकता है, लेकिन उसका इरादा हमेशा नेक होता है। **"दिल पर मत लो, समझ कर अपनाओ"**— यही हमारी बातचीत का तरीका है। हम मानते हैं कि आलोचना भी अगर ईमानदारी से की जाए तो वो तरक्की की पहली सीढ़ी बन सकती है।

वर्कलाइफ़ बैलेंस: हमारा कॉरपोरेट धर्म

किसी को नींद ना आए, ऐसा काम हमें मंज़ूर नहीं। Action EVA में हम जानते हैं कि एक कर्मचारी तभी अच्छा प्रदर्शन कर सकता है जब उसका दिमाग शांत हो और शरीर स्वस्थ। हमने सिस्टेमैटिक वर्क-शेड्यूल और मेंटल हेल्थ पर ज़ोर देने वाली संस्कृति बनाई है—जहाँ हर किसी को सांस लेने की जगह मिले।

जब बिज़नेस के साथ उद्देश्य भी हो

हमारे हर सेल्स टार्गेट के पीछे एक सामाजिक मक़सद है। अगर हम ₹200 करोड़ का टर्नओवर हासिल करें, तो हम 200 बच्चों की शिक्षा का ज़िम्मा उठाते हैं। यहाँ प्रॉफिट एक नंबर नहीं, एक ज़रिया है—किसी की ज़िन्दगी बेहतर करने का।

यह कंपनी नहीं, एक सोच है

Action EVA को चलाने वाली शक्ति कोई एक व्यक्ति नहीं, बल्कि एक विचार है। एक परिवार की तरह हम सब मिलकर इसे बेहतर बनाते हैं—खुशी से, दिल से, और पूरे मन से।

“निष्काम सेवा
और अपनापन”
Action परिवार
की नींव

लंगर आयोजन

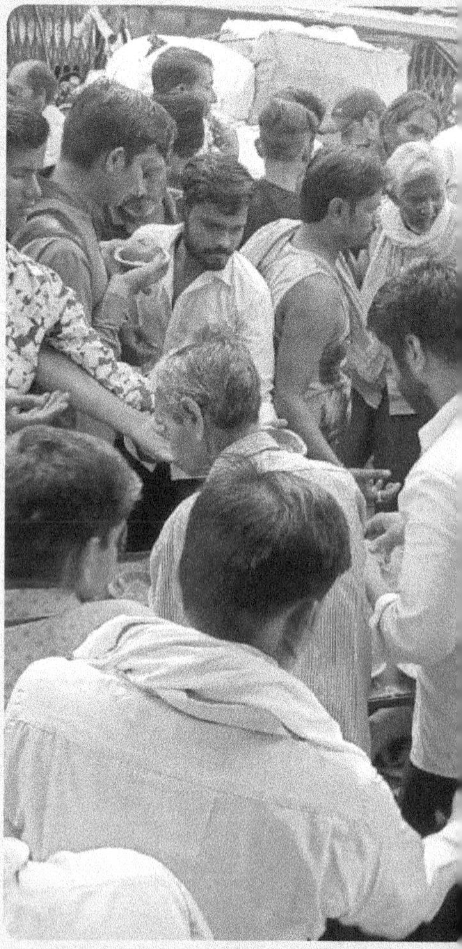

मिलजुल कर ख़ुशी मनाना

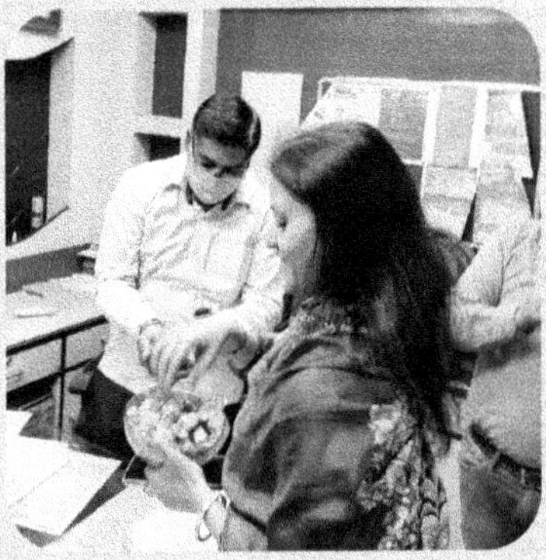

action
CRICKET

action

दिल में दान का भाव

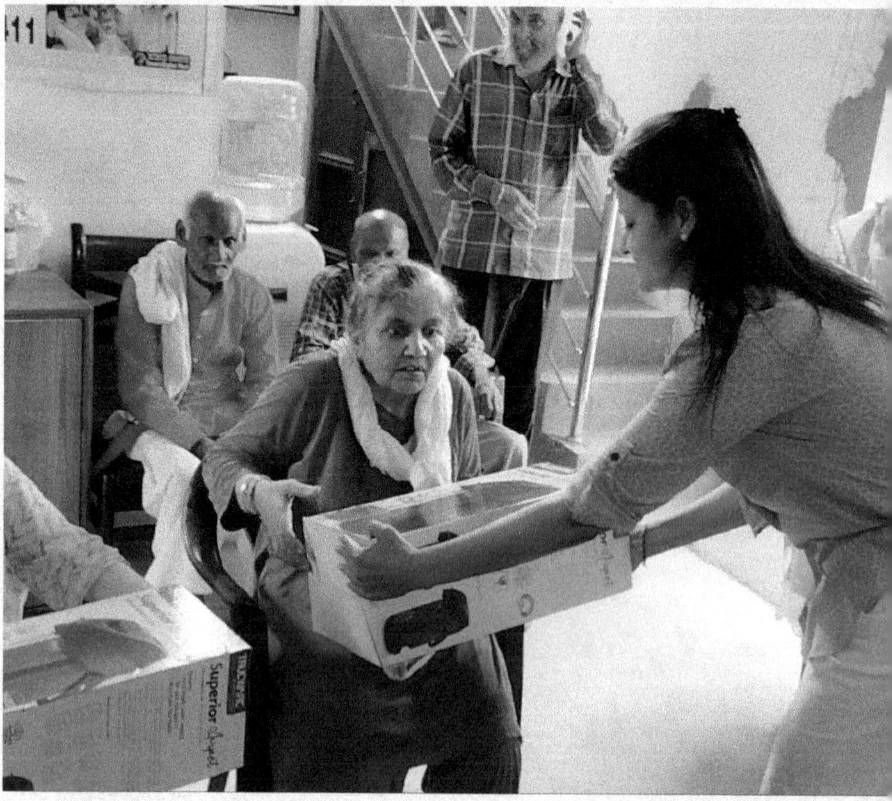

action
EVA

EVA

action

ARYA SR. SEC. SCHOOL

Dealer व Retailer भाई भी हाथ बटाते हुए

M: 9210012817, 7838703671,

एक साथ घूमने जाना

www.ingramcontent.com/pod-product-compliance
Ingram Content Group UK Ltd.
Pitfield, Milton Keynes, MK11 3LW, UK
UKHW021341190726
13845UKWH00027B/662

9 789372 179873